紀州のドン・ファン殺害「真犯人」の正体

吉田 隆

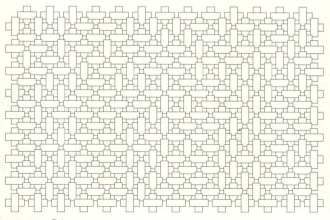

講談社+α《プラスアルファ》文庫

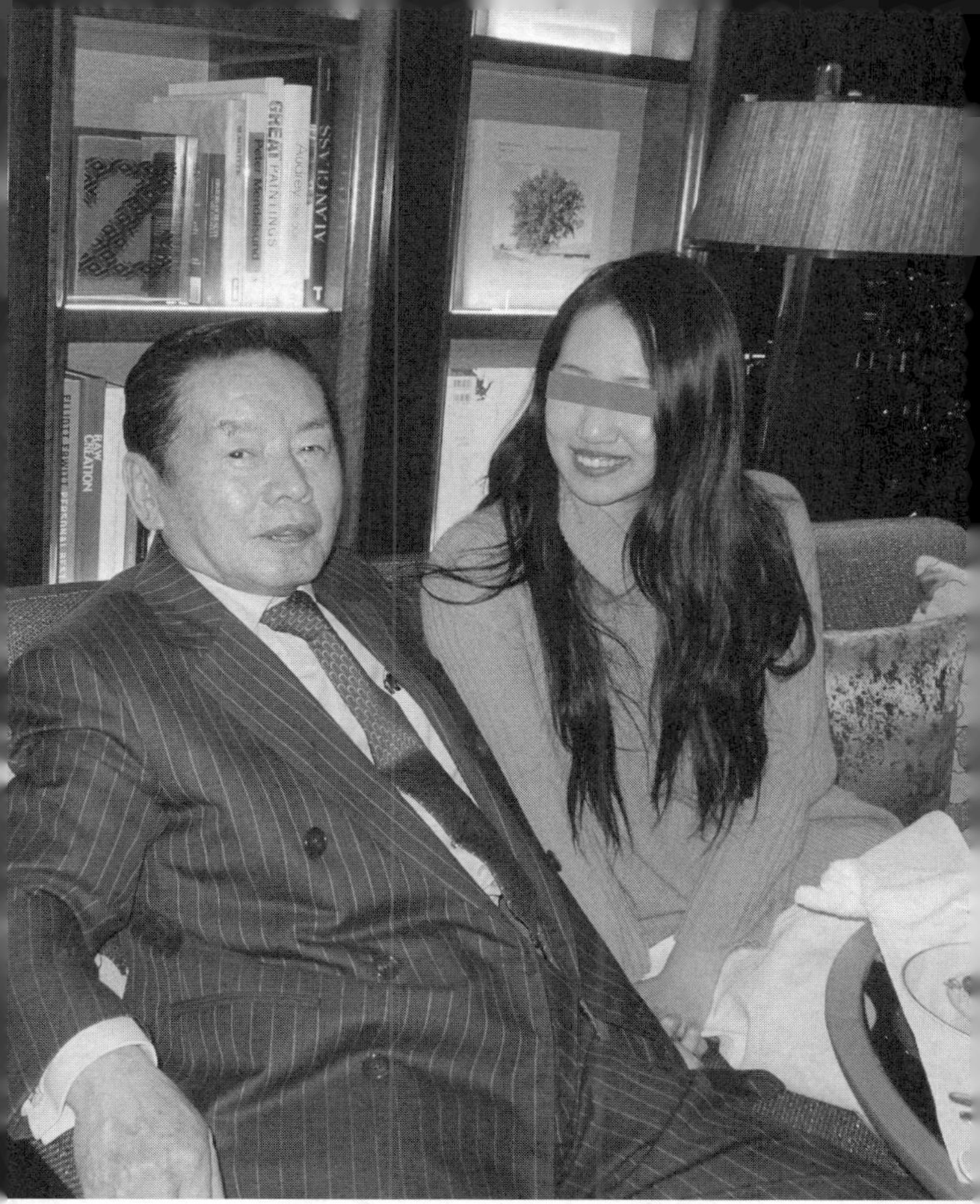

交際が始まった頃のドン・ファンと若妻Sさん。
『紀州のドン・ファン 野望篇』の表紙に使用された写真（2017年12月撮影）

Sさんが初めて田辺を訪れた際の、自宅前での愛犬イブとのスリーショット。
電撃入籍後、ドン・ファンはSさんの写真を近隣住民に配り歩いた
（2017年12月撮影）

上：自宅裏庭にあるイブの墓と家政婦の大下さん。のちに墓は警察に掘り返される
下：ドン・ファンの葬儀にて。喪主挨拶をするSさんと、隣に立つ大下さん

上：過熱する取材から逃れるため、
東京のマンションで潜伏生活を送っていたSさん
下：フライデーの独占インタビューに答えるSさん

上：ドン・ファンと愛犬イブ。ドン・ファンはこのソファに座った状態で死んでいた
下：ドン・ファンを発見した時の状況をみずから再現する大下さん

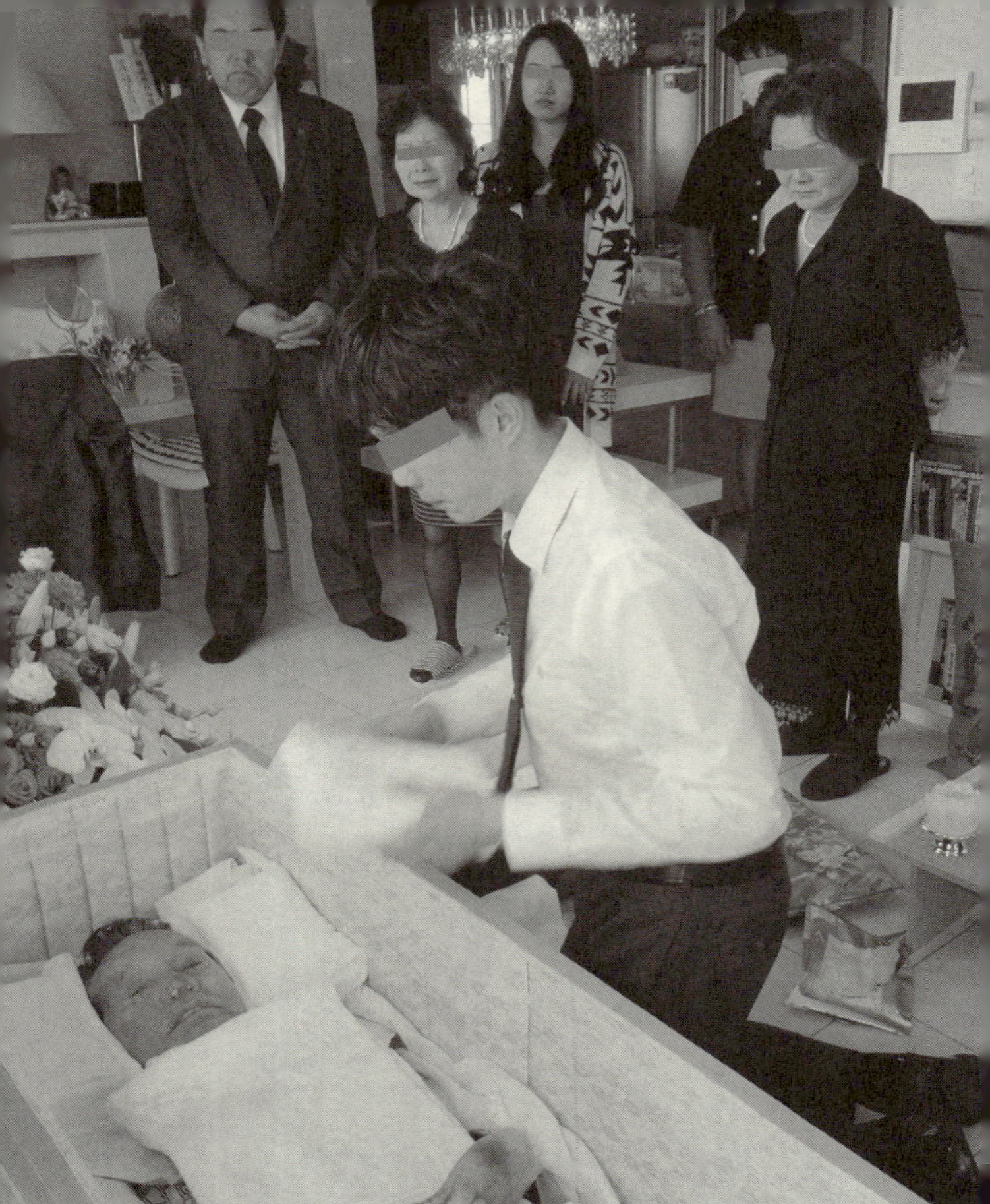

死に化粧を施されるドン・ファンを見守るSさんと大下さん

はじめに

あのドン・ファンが亡くなった。美女4000人に30億円貢いだ男。美女とエッチするためにオレは金持ちになった。こう豪語して『紀州のドン・ファン』という自伝本を2016年12月に上梓し、思わぬベストセラーになった野崎幸助《のざきこうすけ》氏が18年5月24日夜、和歌山県田辺市の自宅寝室で亡くなった。第一発見者は55歳下の新妻。77歳だった。

地元の中学を卒業後に鉄くず拾いやコンドームの宅配事業を手掛けて種銭を摑み、高度成長の波に乗ってその後金融業を東京で営み巨万の富を得た。稼いだお金は美女につぎ込む人生を送って希代の助平ジジイを自称し、それをまとめたのが『紀州のドン・ファン』だ。

18年4月19日には第2弾の「野望篇」が出版されたばかりだった。バツ2で子供もおらず、愛犬のミニチュアダックスフントのイブと一緒に田辺市内の一軒家で暮らしていた。

16年2月には20代の自称ファッションモデルがドン・ファン宅から6000万円相当の金品を盗んだ疑いで逮捕され、そのときラクダの下着姿でワイドショーのインタビューに答えた様子が流れ、「どんだけ助平なジイさんなんだ」と評判になった。

また、17年2月には夜の7時に自宅1階リビングの大きな窓を破って強盗犯が侵入し、鍵をかけてあった2階の寝室のドアを斧のようなものでぶち破る事件も発生した。金品を奪った犯人は近所の方の110番通報によって玄関から出てきたところを現行犯逮捕され、幸いドン・ファンにケガはなかった。

20年前にも、自宅前の路上で強盗犯に襲われ、太ももを刺されて850万円入りのバッグを強奪されている(後に犯人は逮捕された)。

このように、これまで何度も命の危機をくぐり抜けてきたドン・ファンが、自宅の寝室で謎の最後を遂げてしまったのだ。

ドン・ファンの生きがいとは、前述したように美女とエッチをすることだ。

20代のボン・キュッ・ボンの背が高くてグラマラスな女性がタイプで、「ハッピー・オーラ、ハッピー・エレガント、ハッピー・ナイスボディ、私とエッチしませんか?」というキメ台詞《ぜりふ》で片っ端から声をかけまくっていた。

「断られて当たり前。そんなの気にしない気にしない」

豪快に笑い飛ばす声はもう聞かれない。ナンパはするが、普段は腰が低く、丁寧な喋り方をする人だった。

実現しなかった結婚式

好みの女性を「私と結婚しましょうよ」と口説くのは日常茶飯事だったが、当然のことながらお相手の20代女性は躊躇《ちゅうちょ》する。まだまだ白馬の王子さまが現れると思う年頃の女性が、70過ぎのジイさんになびく方が不思議というものであろう。

『紀州のドン・ファン』発売後、全国の女性たちから「私とお付き合いをしませんか？」というファンレターが届いた。ただし、そのほとんどがオーバー50歳からである。

「なんでオレがそんなオバハンと付き合わなアカンのや」

「いやいや、つり合いが取れて丁度よろしいんじゃないですか」

会社の番頭のマコやんがそう言っても、けっして首を縦に振らなかったのである。

それが念ずれば通ずのことわざ通りに電撃入籍したのが今年2月8日のことだった。お相手は自称モデルで21歳だった「さっちゃん」だ。8日の朝8時前に、出勤していた従業員を伴って3人で一緒に田辺市役所へ出かけた。従業員が婚姻届けの証人欄に記入して提出したのだ。

「社長の押しに負けて結婚することになったんです」

彼女は言った。

「社長、孫娘のような年齢差じゃないですか。こりゃあ犯罪ですよ」

マコやんが指摘するように歳の差はなんと55歳。日本一の歳の差婚かもしれない。

さっちゃんは入籍直後に仕事で外国にでかけてしまった。社長は盛大な結婚式を3月24日に田辺市内の闘雞《とうけい》神社で行うため、神社に結婚式の申し込みをした。

闘雞神社は社長が何か勝負をかけるときに祈るところであり、結婚を申し込んだ女性を何人も連れていっていた。しかし、願いは叶《かな》わなかったのだ。さっちゃんも初めて田辺に来たときに闘雞神社に連れていかれていた。

「結婚式は要らない。絶対に拒否します。式を挙げるなら離婚します」

結婚式のことを聞いた彼女は頑《かたく》なに固辞した。結局、社長が折れて結婚式は中止された。帰国した彼女がやっと田辺のドン・ファン宅に来たのは、桜の花が散り始めた4月になってからだった。

4月の2日から田辺市内の自動車教習所に通い始めた。送り迎えはお手伝いの大下さんが担当し、大下さんが東京に戻っているときには番頭のマコやんも担当した。そして4月22日、彼女は運転免許試験に一発合格した。

「たったの20日間で一発合格なんですよ。凄いでしょ」

ドン・ファンは手放しで喜んだ。その後、再び田辺を離れて旅行に行ったさっちゃんは、GW最中の5月4日に戻って来た。そして直後の5月6日に、愛犬のイブが死んだのだ。

「もう16歳で、寿命だったと獣医さんは言っていました」

病院に一緒に行った大下さんの顔が曇った。

「イブちゃんの告別パーティをしますから出席してくださいね」

ペットロスを心配する周囲の思いをよそに、精力的にドン・ファンは動いた。パーティは6月11日にリゾート温泉地で有名な白浜の高級ホテル「川久」で200人ほどの客を招くことにし、東京からは芸能人、有名人も呼ぶ予定になっており、旧知のデヴィ夫人の出席も決定していたのだ。

しかしドン・ファンは、5月24日の夜に急逝してしまい、楽しみにしていたイブちゃんのお別れ会を開くことはできなかった。

警察は「殺人事件」として捜査をしているが、犯人逮捕どころか、誰が怪しいかの情報すらいまだに錯綜《さくそう》している。55歳年下の若妻と入籍したばかりの資産家が殺されたのだから、世間の関心を集めるのも当然のことだ。

テレビではワイドショーどころか、ニュース番組までもが連日「ドン・ファン怪死事件」を報じた。それもあってお茶の間や居酒屋では、

「犯人は〇〇だ」

「いや、〇〇が怪しい」

といった犯人談義に花が咲いている。しかし、それらの話は、客観的な証拠に基づいているとは言いがたい。そもそもワイドショーや週刊誌も、よくわかっていないコメンテーターにいい加減なことを言わせたり、憶測だけで記事を書いたりしている。

いまだから言えることだが、ドン・ファンともっとも密に付き合って来たマスコミ関係者は、私である。ドン・ファン宅に1ヵ月住み込んだこともあり、新妻の「さっちゃん」も真っ先に紹介されている。そして、死の当日の夕方4時には、ドン・ファンから「会いたいから田辺に来てくれ」と電話で懇願されているのだ。

ドン・ファンは、なぜ私に田辺に来てほしかったのか。何か心配事や困ったことがあったのか。

ドン・ファンの死後、私にもテレビ・ラジオ局からの出演依頼が殺到した。だが、私はそれをすべて断ってきた。一つの番組に出るとキリがなくなるのもあるが、それよりも、まだ何もわかっていない時期に、いい加減なことを言いたくなかったという

のが本当の理由である。

ドン・ファンの謎の死から、まもなく5ヵ月が経とうとしている。警察の捜査が劇的に進んでいる様子はない。だからこそ今、私は私の知っていることすべてを、読者の皆さんにお伝えしたいと思う。私の持つ客観的なデータと、数々の重要証言を、すべてこの本に書き記すことにする。

ここにはきっと、「真犯人は誰か」を解明するためのヒントがある。

このヒントを賢明なる読者諸氏に提供することで、一人一人に名探偵になっていただき、この事件の犯人を推定してもらいたい。

犯人の逮捕こそが、道半ばで亡くなったドン・ファンの願いのはずだからだ。

２０１８年10月　　吉田隆

紀州のドン・ファン殺害「真犯人」の正体◉目次

本作品は書きおろしです。
登場人物の一部は仮名になっています。

第一章　社長が死んだ

午前2時半の電話

5月25日午前2時半、爆睡していた私はふと目を覚ました。まずい、携帯電話の電源を切らなければ……。咄嗟《とっさ》に頭に浮かんだ。朝の3時4時からドン・ファンの電話攻勢が始まることがあり、それを避けるために寝るときには電源を切るのが習慣となっていた。それを忘れていたのだ。携帯を手にした私の目に、ズラリと並んだ着信記録が飛び込んできた。

前夜11時から午前2時近くまで。相手はドン・ファンの会社の番頭の元山真、通称マコやん、それにドン・ファン宅の掃除や炊事をしている、60代半ばの家政婦・大下澄子さんからだった。

こんな時間に電話があるなんて普通じゃない。悪い予感がした私は大下さんに電話をかけた。すると。

「社長、死んだ……。亡くなった」

大下さんのかすれて沈んだ声が聞こえた。

「いつ?」

喉が引きつったような声が出た。

「夜の10時すぎ……。救急車を呼んで応急処置をしたけれどダメだった……。解剖するからって、遺体は警察が連れていってしまったの」

「なんで死んだんだ。信じられない」

「夕方までは元気だったのに……」

「社長がポックリなんて、似合わないなあ。天寿だったのかなあ……」

「私もまだ信じられないわ……」

「さっちゃんはいるの？」

55歳年下のさっちゃんは、今年の2月8日に電撃入籍したばかりの若妻だ。結婚前から知り合いの私は「さっちゃん」と呼んでいた。

「横にいるから代わります」

「もしもし……」

すぐにさっちゃんが出た。

「気をしっかり持つんだよ」

「はい……」

消え入りそうな声だ。

「僕もすぐにそっちに行くから」

「分かりました。よろしくお願いします」

電話を切ってから今度は番頭のマコやんに電話を入れた。社長が代表を務める酒類販売会社「アプリコ」の番頭さんである。

「もしもし」

すぐにマコやんの声が聞こえた。

「大変やで～。さっき社長の家から自宅に戻ってきたばっかりや」

「大下さんとはさっき話したんですが、ドン・ファンが死んだって……」

「そうや……。あっけないのぉ～」

「僕は夕方に社長と電話で話してるんですよ」

「ウン、知っとる。田辺に来る予定だったんやろ」

「ええ、行くと返事をしたら社長が喜んでくれました」

「それなのに、急に亡くなった……、ということかなあ」

「ですかねえ。まあ、明日行きますから、詳しいことはそのときに」

「ウン。忙しいだろうけれど待っているから」

電話を切った。あのドン・ファンがポックリ逝《い》ってしまうなんて……。もう眠れそうにない。多分葬式が終わるまで田辺にいなければならないだろう。クローゼットから喪服を取り出してキャリーバッグに入れた。ドン・ファンとの思い出が頭のなかをグルグルと回る。

なぜ、死んだんだ。

社長宅

田辺市内のドン・ファン宅に到着したのは、正午より少し前だった。田辺に来たのは5月12日に東京に戻って以来だから、2週間も経っていない。あの時は愛犬のイブの葬儀で、今度は飼い主の社長の死だ。

ピンク色の派手な塀のドアをくぐって玄関を開けた。ドン・ファンは和歌山市内の大学病院で解剖されているため遺体はなく、1階のリビングで大下さん、そしてマコやんを交えて昨夜からの事情を聴いた。さっちゃんは朝まで起きていたとかで、まだ眠っているようだ。

「さっちゃんは若いからよく眠れるのよ。私はババアだから朝早く起きるけど」

「それにしても大変でしたね」

まずは大下さんの労をねぎらう。

「昨夜の10時すぎにさっちゃんが2階に上がったと思ったら『大変、大変』って叫びながら下りてきたの。急いで私が上がると、社長は素っ裸でソファに座っていた」

「ソファですか……」

事件のことを詳しく知るためには、左ページの社長の自宅レイアウトを見てもらうことが必要だろう。純和風の2階建ての建物は30年近く前に中古物件として取得したものだ。当時社長はこの家の背後の崖下に今も建っている家で前妻のCさんと暮らしていたが、そこから引っ越したのである。

Cさんはこの和風の家を、部屋を吹き抜けにするなど洋風に大改造した。1階にはゲスト用のベッドルームと20畳もありそうなゲスト用のジャグジー付きのバスルームを造り、田辺湾を望むリビングは大理石の床の下に床暖房を入れ、システムキッチンも当時の最新式のものを用意した。食器好きの彼女は旅館でも営めそうなほどの食器を集め、それが壁の収納棚に収まっている。

ワイドショーやニュースで何度も映されてもはやお馴染みになったのは、昨年12月に改装したピンクの塀である。そのドアを開けると、薄い肌色の大理石の階段が玄関まで続いている。引き戸の玄関を開けると、2畳ほどの三和土《たたき》があり、そこには瓶ビールが入っている黄色いケースが置かれている。そして脇には何十足もの靴が入れられているシューズボックスがある。

ドン・ファン宅の間取り

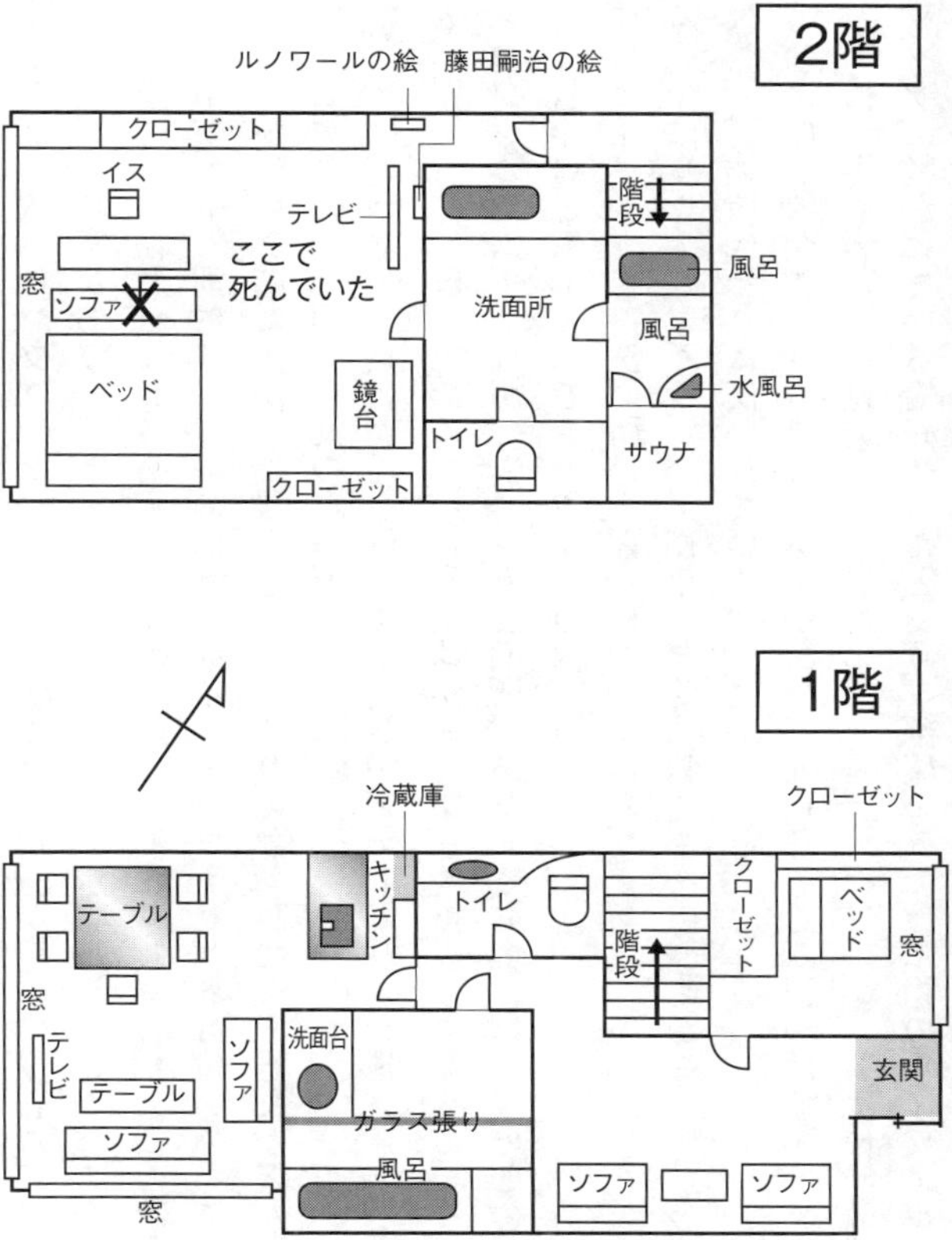
2階
ルノワールの絵
藤田嗣治の絵
クローゼット
イス
テレビ
ここで死んでいた
窓
ソファ
ベッド
鏡台
クローゼット
階段
風呂
洗面所
風呂
水風呂
トイレ
サウナ
1階
冷蔵庫
クローゼット
キッチン
トイレ
テーブル
クローゼット
ベッド
階段
窓
窓
テレビ
テーブル
ソファ
洗面台
ソファ
玄関
ガラス張り
風呂
ソファ
ソファ
窓

玄関を上がると、大きなソファが2つと小さなテーブルが置かれ、すぐ右に15畳ほどのフローリングの洋室があり、そこに巨大なダブルベッドが置かれている。ここはゲスト用の寝室として使われており、大下さんがそこで寝泊まりしていた。この部屋の壁にはクローゼットと別に6畳ほどのウォークイン・クローゼットも付いている。ゲストルームの脇には2階に上がる階段がある。かなりの急勾配で突き当たると左に曲がり、白いドアの向こう側が社長の寝室だ。

壁際に赤いクローゼットが並び、背の高い大きなキングサイズのベッドがドンと鎮座している。壁紙も赤っぽい色なので、寝室全体が赤で染まったように見える。ここは20畳ほどのワンルームで、専用のトイレと洗面所があり、その奥には6畳ほどのバスルームと4畳半ほどもある大きなサウナが併設されている。

寝室の床はカーペットで、洗面所は大理石になっている。

社長は若い頃はサウナ好きだったが、15年ほど前に脳梗塞を患ってからはサウナに入ることはなく、物置代わりに使われていた。

ベッドの前には2人が腰かけられるソファがあり、社長はそこに腰かけて70インチもあろうかという大型液晶テレビを見るのが日課になっていた。そして社長の最期は、このソファに腰かけている恰好だったという。部屋の壁には本物のルノワールや藤田嗣治の絵が額に入れられて飾られている。

2階から1階に戻ってみよう。玄関を背に右に曲がりまた左に曲がると右手に3畳ほどのトイレがあり、そしてその向かい側がバスルームで洗濯機・乾燥機が置いてある。ここは20畳以上ものスペースがあり、一方の壁は全面鏡張りとなっており、ゲスト用の化粧ルームといった雰囲気だ。

そして奥の白いドアを開けるとそこがキッチンとリビングルームになっている。西に向いた窓は巨大な一枚ガラスになっており、そこからは遠くに田辺湾を望むことができる。2つの白いソファが置かれ、そこにエルメスのオレンジ色の箱が何個も積まれているのが目を引く。これは前妻のCさんが購入したもので、中身は全て空っぽだ。

社長は前妻と別れてから自宅で炊事をすることは一切なく、外食か弁当で済ませていた。外食の場合には従業員を付き合わせるのだが、年配のマコやんか、前原さんが付き合うことが多かった。しかし、彼らが酒の配達などで忙しい時には若い従業員を付き合わせることもあった。

その習慣に変化があったのは2017年2月に強盗に入られてからだ。

「外で食べるよりも自宅でゆっくりと食べたほうがいいですよ」

「そうかな……」

私の提言で食事を自宅で摂るようになったのだ。離婚後、6年ほど使用していなかった台所を私が掃除して、冷蔵庫の中にあった古い冷凍食品なども始末した。その後、同年春ごろからお手伝いさんとして大下さんが東京から月の半分来るようになり、ようやく社長は自宅でくつろげるようになったのである。

死亡状況

リビングのソファに腰かけて、大下さんとマコやんの2人を前に引き続き事情を聴いた。大下さんが言う。

「昨日の夕方、私はいつものように妹のところに出かけて行ったのよ。午後4時ごろに家を出て、7時半ごろに戻ってきたかな」

大下さんは社長と同じ田辺市の出身だ。正確には平成の大合併で、大下さんが生まれ育った中辺路町《なかへちちょう》が田辺市に吸収された。彼女の父親は町会議員で地元の名士だった。高齢のために16年の暮れから田辺市内の病院に入院中で、父親のお見舞いに行けるという理由もあり、社長のお手伝い役を引き受けたというのが真相だ。

彼女は単なるお手伝いさんではなく、書類上はアプリコの取締役でもある。社長が東京で貸金業を始めた頃から手伝っているので、30年近くの付き合いだ。

六本木で水商売のママをしていたので、男をあしらうのもうまいし気配りができる。田辺ではいつも、夕方から夜にかけて父親のお見舞いや妹の家に行くのが習慣となっているのは私も知っていた。社長は夕方には就寝するので、大下さんがいなくても何の支障もないから了承されていた。

「帰ってきたら、さっちゃんがリビングでテレビを見ていたから、私も一緒に見ていたのよ。8時頃に2階の社長の寝室でドンドンという音がしたから、『社長、まだ起きているんだ』ってさっちゃんと言葉を交わして。それで10時すぎに彼女が上に行ったの」

「うん。たしかに社長がつんのめるように歩くと、ドンドンって音がするよね」

私はこのリビングで寝起きしたことがあり、上階の音を感じることは度々《たびたび》あったので大下さんの説明には納得できた。

「上がっていってすぐにさっちゃんが『大変、大変』って下りてきたの。一緒に上がっていったら社長が目をつむってソファに全裸で座っていたのよ〜。『社長、社長』って声を掛けても何の反応もなくて……」

ドン・ファンが全裸なのは珍しいことではなく、2階の風呂から上がったらよく全裸でテレビを見ていた。1階に下りて来るときには、エルメスのオレンジ色のバスローブを羽織るのが定番だった。

「右腕が〝く〟の字に曲がっててさ。身体がカチンカチンだったのよ。慌てて社長、社長って抱きついてね。救急車が着くまで救急隊員が電話でアドバイスしてくれて、さっちゃんがそれを私に伝えて心臓マッサージをしたんだけど……」

大下さんの説明は続く。

「救急隊員が社長が亡くなっているのを確認してから110番通報をしたみたいでさ。警官がやってきて、さっちゃんも私も事情を聴かれたのよ。マコやんと佐山さんには、その前に電話して来てもらってた」

「ワシがここに着いた時には家の前に救急車が停まっとってなあ。慌てて2階に上がったら社長はソファで横になって身体には白いタオルが掛けられていた。顔が歪《ゆが》んでいることもなく、眠ってるみたいやった」

マコやんがそう呟《つぶや》いた。

「しかし、こんなにあっけなく死ぬようなタマではないと思ってたのに……」

私の言葉に2人が頷《うなず》く。

「ヨッシーが来てくれることになった、って喜んで会社に電話をかけてきたのが夕方やで。それやのにポックリ逝くか？　まるで夢みたいや」

　マコやんの唇が歪む。

「そうよねえ〜。本人も１００歳まで生きるって言っていたし、なにより来月11日のイブちゃんのお別れ会を楽しみにしてたのに……」

　大下さんも涙声だ。夕方４時に葬儀屋が来て、葬儀の打ち合わせをすると聞いた。私はドン・ファン宅から歩いて３分ほどのところにあるアプリコに向かった。そこでは金庫番の佐山さんが私を見て茶色いロングヘアーの頭を下げた。

「大変でしたでしょ」

「いやいや、佐山さんこそ大変でしょ」

「まさかね〜、こんなことになるなんて。今でも信じられないよぉ〜」

「僕も同じですよ」

　佐山さんはアプリコに15年間勤めている一番の古株であり、会社の経理担当なので金庫番と呼ばれていた。すらっと背が高くてスリム。パッと見はクールビューティだが、バツイチで娘さんはもう成人している。昨年暮れまでは娘さんもアプリコにアルバイトに来ていた。

「眠るように死んでいたって聞きましたけど」

私は隣の椅子に腰かけて、佐山さんにそう話しかけた。他の従業員たちは配達に行っているのか誰もいない。

「そう。顔は歪んでいなかったけど、口元から紫色のよだれのようなものが出ていたよ。アレはなんだろう？」

佐山さんが首を傾げる。紫色のよだれ？　そんな話は大下さんはしていなかったが……。

新妻の証言

佐山さんと雑談してからドン・ファン宅に戻ると、さっちゃんが起きていた。家でよく着ているパジャマ代わりの緑色の半袖ワンピース姿だった。

仕事で出かけたマコやんを除き、大下さんと3人でソファに腰かけた。私は今のうちに、気になることをさっちゃんに訊いておこうと思った。

「昨日のことを訊きたいんだけど。夕方4時に僕は社長と電話で話してるんだ。キミはそのときどこにいたの？」

「2階で社長と一緒にいました。ソファに腰かけて……」

「社長は何をしていたの？」

「テレビを見ていたかな……」

「キミは何をしていたの？　一緒にテレビを見ていた？」

「ううん。私はスマホでゲームをやっていました」

「社長は何の番組を見ていたのかなあ？」

「……。何だっけ？　ゲームに夢中だったから……」

「まだ一日も経っていないんだよ。ちゃんと思い出して」

「…………」

彼女は首を傾げた。もともと口数が少なく、喜怒哀楽を表すことがあまりないタイプの女性だ。

「……。相撲じゃなかったの？」

「あ、そうそう。相撲を見ていました。私は興味がないですから」

「そうだったんだね」

「それで6時前に2人で1階に下りたんです。社長はビールを大瓶の半分ほど飲んで、食事はせずにまた2階に上がりました」

食事とは、大下さんが出かける前に作っておいたうどんのことだ。

「6時前に下に下りた？　相撲はどうしたの？」

私は首を傾げた。相撲好きの社長が結びの一番を見ないのはおかしい。

「1階のテレビでビールを飲みながら見ていました。そしてまた上に行ったんです」

「ふーん」

社長の寝室には冷蔵庫がなく、ビールを飲みたければたしかに1階に下りなければならない。

「それから私は一人で1階のお風呂に入って、またリビングでテレビを見ていたら大下さんが帰ってきたんです。それで一緒にテレビを見ました。で、8時ごろに上でガタガタという音が聞こえたので、『まだ起きてるね』と大下さんと言葉を交わしました」

「すぐに上には行かなかったんだよね」

「ええ。音がするのはいつものことですから」

「で、10時過ぎに2階に上がった」

「はい。ソファに腰かけてる社長の様子が変だったので、慌てて下に下りて大下さんに『大変、大変』って言ったんです……」

この家の特徴として、2階で大きな声を出しても下のリビングには届かない、ということがある。社長は常日頃大音量でテレビを見ているが、2階のドアを閉めれば音はそれほど漏れてこない。

「で、大下さんが社長に抱きついたんだよね」

「私はスマホで119番通報をしていたんです。救急隊員が心臓マッサージの仕方を教えてくれたので、社長をソファに横にして大下さんが社長の胸を押し続けました」

「それで救急車が到着した」

「はい。救急隊員が社長を診断して、もう亡くなっていて蘇生はできないというので110番に通報したみたいです。少ししたら警察官がやって来て、私と大下さんが2人とも事情を聴かれました。夜の11時ごろから午前2時近くまで」

「3時間近くも？」

「ええ。それで、解剖をしなければいけないと言われ、『病院で解剖する』という書類にサインしました。その後、警察が社長の遺体を車に乗せていきました」

「そうか……」

腕組みしていた私は首を傾げた。

「本当に8時に上で音がしたんだね？」

「そうよ。私もさっちゃんも聞いているから。音がすることはヨッシーも知っているでしょ」

「うん。音が聞こえることについては否定しない。だけど、それで10時すぎに遺体がカチンカチンになるワケがないと思うんだ」

注意深く観察したが、2人の表情にとりたてて変化はない。

「死後硬直って知ってる？」

「言葉は聞いたことがあるけど、詳しくは知らない」

2人とも首を横に振った。死ぬと死後硬直が始まり、一旦筋肉が硬直する。それが徐々にほぐれてくることを説明した。

「年齢とか筋肉の量によっても異なるけれど、死後硬直でカチコチになるまで早くても5〜6時間はかかると言われているんだよ。だからキミたちの話を真に受けることができないんだ。分かるよね」

2人は不思議そうな顔をしているが、そこに動揺の色はない。

「8時に上で音がして、10時にカチンカチンということは、まずあり得ない」

「あら？　そうなの。だって本当なんだもん」

大下さんは私から目をそらすどころか、笑顔すら見せている。自分が矛盾する証言をしている自覚はなさそうだ。

私は、社長の死が自然死でも自殺でもなく、事件であると確信した。

「これは事件だよ。多分社長は誰かに殺された。毒を飲まされた可能性がある」

「ええ？　本当？」

2人が驚いたように私を見た。

「誰が殺したの？　いやだぁ〜」

大下さんが素っ頓狂《すっとんきょう》な声を出した。さっちゃんは口を閉じていたが、こちらも他人事のような表情だった。

毒殺だとすれば、一体何の毒なのか？　身体には外傷はないが、口からは紫色のよだれが出ていたと佐山さんが証言している。毒物の知識に疎《うと》い私には想像もつかない。青酸カリで死ぬと顔が赤っぽくなるとか苦悶の表情を浮かべるといった知識はあるが、社長はそれには当てはまらないようだ。

誰かが密かに2階に上がり、社長に毒物を飲ませたのだろうか。社長宅の玄関は昼間は施錠していないので、たとえリビングに人がいても気付かれずに玄関から2階に上がることは可能である。ただ、それならば防犯カメラにその様子が映っているはずだ。昨年12月に塀を新築した際に、防犯カメラも取り替えて死角のないように8台のカメラが24時間撮影をしている。

しかし、たとえ外部からの侵入者がいたとしても、意識のあるドン・ファンに強制的に毒物を飲ませるのはほぼ不可能だろう。ピストルやナイフで脅して飲ませたのか。そんな面倒な殺し方を犯人が選ぶだろうか。

それに、そうだとしたら何らかの抵抗にあうはずだ。しかし、社長の身体には目立った外傷はなかった。

通夜・葬儀

午後からは葬儀会社と通夜・葬儀の打ち合わせをしなければならなかった。ドン・ファンにはきょうだいがいるが、親しく交わっているのは横浜に住む妹さんくらいで、地元の兄弟縁者とは交流がほとんどない。

親戚には社長が死んだことを佐山さんが知らせたが、佐山さんは横浜の妹さんの携帯番号を知らなかったし、面識もなかったので私が連絡役を引き受けることにした。しかし、何度電話をしても繋《つな》がらない。焦りを抑えて葬儀の準備の相談に立ち会うことになった。葬儀社の担当となったのは富山さんという30代の細身の男性で、細やかな気配りをしてくれる方だった。

さっちゃんや大下さんもダイニングテーブルの椅子に腰かけて様子を見守っている。まもなくマコやんも合流した。

「お寺さんはどこになりますか？」

「市内の〇〇寺が本家の寺なんですが、社長は絶対に本家の墓には入らないと公言していたし、本家側も入るのは拒むでしょうから……。違うところになると思うんですが」

私が答えると、それを聞いた大下さんが急に声をあげた。

「社長は墓地を買っているはずよ！　たしか、中辺路にある大きなお寺さんだったと思う。そこの墓地の大きな敷地を買ったって聞いたことがあるから……」

大下さんによると、社長と数年前に中辺路の知人のお墓を訪ねた際に、いたくそのお寺が気に入り、後で墓地を買ったと大下さんに伝えたというのだ。

「イブちゃんも一緒に入れて欲しいって言っていたからね」

大下さんの話に皆が安堵した。墓地が決まっているなら、その寺で葬儀をすればいい。さっそく、葬儀社の富山さんが寺に連絡を取った。

「残念ながら墓地を購入した事実はないそうです……」

「そんなぁ〜」

富山さんの言葉に大下さんは絶句したが、マコやんは苦笑しながら言った。

「社長らしい、といえば社長らしいなあ〜」

社長はウソを交えて話すのが好きだった。大下さんもすっかり騙《だま》されてしまったのだろう。

遺体がいつ戻ってくるか分からないので、きちんとした日程を組むこともできない。仮押さえということで5月29日に通夜、30日に葬儀と告別式を行うことにして、祭壇のサイズなどの細かい打ち合わせも行った。

遺影は私が持っている数々の社長の写真の中から皆で選ぶことになった。葬儀社の富山さん、佐山さんとマコやんが引き揚げたので、残ったのは私とさっちゃん、大下さんの3人になった。

私はその晩宿泊するために、市内の定宿にしているホテルに電話したが、満室で宿泊できないという。

「リビングに泊まっていい?」

「助かるわ。女2人だと不安だもん」

さっちゃんも大下さんも笑顔を見せた。

深夜の家宅捜索

3人だけになったところで、再び2人から遺体を発見したときの様子を聴いた。すると、大下さんがおかしなことを言い出した。

「10時すぎに私が最初に2階に上がって社長の遺体を発見して、慌てて下りてさっちゃんが119番通報をしたのよ」

「はあ？　さっきはさっちゃんが最初に上がったって言ったよ」

「あら……。そうだっけ？　とにかくパニクってしまって大変だったんだから……」

「大下さん、しっかりしてよ」

さっちゃんがフォローする。

「ボケちゃったかなぁ～」

ケラケラと大下さんが笑う。人柄が良くて気配り上手な大下さんだが、昨年夏ごろから物忘れが多くなっていることに私も従業員たちも気が付いていた。

「大下さん、認知症が入っているんやないか？」

「そうなのよ～、へへヘッ」

ドン・ファンと大下さんのこんな会話も覚えている。

前日が徹夜に近かった私は、この日何も口にしていなかった。ショックで食欲がなかったせいもある。遺体が帰ってこない以上、今できることはほとんどない。そこで夜7時ごろ、近所の大型スーパーで弁当を買って社長宅に戻った。

昨年2月に強盗がリビングのガラス窓を破って侵入した日から窓枠が修理されるまで、私はこの家に用心棒として住み込むことになり、キッチンを片づけて自炊生活を送っていた時期がある。1ヵ月近くリビングのソファで寝ていたのだから、「勝手知ったる他人の家」だ。

キッチンの大型冷蔵庫には、社長が愛飲するアサヒスーパードライの瓶ビールが必ず5〜6本入っている。これは毎日、従業員が補充する約束になっていた。

「ビールを飲んでもいい?」

「どうぞ、どうぞ。何でも飲んで下さい。大下さんと温泉に行ってきますから、留守番をお願いします」

「ヨッシーも一緒に行こうよ」

大下さんが近所にあるスーパー銭湯に通っていることは、以前から知っているので驚くこともなかった。

「僕はいいよ。行ってらっしゃい」

ビールを飲みながらテレビを見ることにした。8時から井上尚弥《なおや》のボクシング世界タイトルマッチの放送があると思っていたが、テレビを点けるとプロ野球の阪神戦をやっている。慌てて新聞のラ・テ欄を見ると、首都圏と異なり関西ではボクシング中継は9時から始まることが分かった。

8時半ごろにインターホンが鳴った。

「ハイ」

「田辺警察署です」

和歌山弁の特徴である、語尾が少し高くなる喋り方だった。モニターには私服の若い男女2人ずつが映っている。

「どうしたんですか？」

「2人はどちらですか？」

「温泉ですよ。近所のスーパー銭湯だと思いますが……」

刑事たちを玄関に招き入れ、よもやま話を始めると、彼らの表情が生き生きとしているることに気づく。これは社長の遺体を解剖して何かが出たんだとピンときたが、そんなことは私は口にしなかった。

9時前に2人が帰ってくると、すぐにさっちゃんが任意同行を求められた。塀を出て隣の駐車場に向かう様子を撮ろうと、カメラのシャッターを何度か切った。路上にフラッシュが光る。

「撮るな！」

白いワイシャツ姿の若い捜査員の怒鳴り声が響いた。

「公道で撮って何が悪い」

「(撮影を) やめろ!」

手でレンズを遮《さえぎ》るのをかいくぐって撮影しようとしたが、しつこく邪魔をする。

もしかして、このままさっちゃんは帰ってこないのではないか? 不安な気持ちが混ざったまま家に戻ると大下さんがリビングのソファをくっつけてベッド仕立てにしている。

「大下さん。僕がするからいいですよ」

「いいわよ。疲れているでしょ。ヨッシーが来てくれて本当に助かったわ」

大下さんがしみじみという。

「社長らしいわね。ポックリ逝くなんて……」

「ポックリじゃなくて大下さん、いいですか。これは事件なんですよ。疑われるのはさっちゃんとあなたなんだから、もっとしっかりしてください」

大下さんは、自分に疑念が向くことなど考えてもみなかったように、

「えー、だって、私は何もやってないよ」

と笑って答えた。

第二章　ドン・ファンという男

常識を超えている

「社長さんはいらっしゃいますでしょうか？」

「もう帰りました」

中年女性の声が返ってきた。

「え？　帰った？　まだお昼の11時前ですけど」

「ですけどね、ウチの社長は仕事が終わって帰る時間なんです」

「究極の午前様ですか」

「そうですね」

笑い声が返ってきた。

「連絡は取れませんか？」

「さあ、どうでしょう。一応伝言はしておきますけれど」

２０１６年2月、当時74歳だった野崎幸助氏の田辺市内の自宅から６０００万円相当の金品を盗んだ疑いで、東京に住む20代の自称モデルの女性が逮捕された。この事件をぜひとも取材したいと思った私が、社長が経営する酒類販売会社「アプリコ」へ電話をかけたのが前述のシーンだ。各局ワイドショーの動きは素早く、翌日には社長がラクダのシャツでレポーターに対応している姿が放送された。

大きなカバンに無造作に入れられた札束が映っている。寝室の赤いクローゼットの下の引き出しにも、帯封のついた札束が転がっていた。

「それは、1500万円ぐらいやろか」

平然と答える社長。赤っぽい壁にはルノワールや藤田嗣治の絵が掛けられている。

「ルノワールは2億5000万、藤田は1億かな……」

淡々と社長が値段を言い、カメラが絵画を追う。

「このカフスは800万円かな。時計は450万円」

社長が値段を言うたびにレポーターが大げさに叫んで驚く。常識を超えた人間であることはすぐに分かったが、なぜ彼がそうなったのか理由を知りたいと私は思った。

午前3時半の電話

頭の中で金属音が飛び回り、それが携帯電話の着信音だと気が付くまでしばらくのタイムラグがあった。ホテルのベッドわきにある時計は午前3時半を示している。

——こんな時間に誰だ。

そう思いながら携帯を見ると登録されていない電話番号が浮かんでいた。

「もしもし……」

こんな時間に非常識な、と思いながら携帯を耳にあてる。

「おはようございます。まいどありがとうございます。アプリコの野崎幸助です」

くぐもった早口だった。アプリコ？　そうか、社長だ。やっと頭が回ってきた。取材を申し込む。

「そうですか。では今日の午後1時に田辺の自宅に来てくれますか」

「分かりました。伺《うかが》います」

別の取材で大阪にいた私は、レンタカーを借りて和歌山に向かった。後述するが和歌山市は十数年前に私が半年ほど通い詰めた馴染みの街である。ハモや太刀魚、それに真鯛などの海産物が豊富で料理屋も美味しいし、安い。それと和歌山市のラーメンも美味しいので大好きな街だ。強烈な響きのある河内弁や泉州弁に比べて和歌山弁は優しい感じがする。

11時ごろ、和歌山市内で旧知の友人と会っていると携帯電話が鳴った。社長からだった。

「はいはい」

「待っているのになんで来ないいんですか？」

怒った声だった。

「社長、午後1時の約束ですよ」

社長の勘違いだと思って優しく訂正した。すると、

「そんなのどうでもええ。今すぐ来なかったら会うのはやめる」

急に口調が激しくなった。

「分かりました。今すぐ田辺に向かいますから。そうですねえ、12時過ぎには着くと思います」

無茶苦茶なオッサンだなと思いながら、ハンドルを握って田辺を目指す。以前は御坊《ごぼう》市まで高速道路が通っていて、そこからは下道の国道42号線を行かなければならなかったが、白浜までの高速道路が前年に開通した。片側1車線の部分が多いが、和歌山市から約100キロを1時間で走って田辺に着いた。

カーナビの通りに走っていくと、小高い朝日ヶ丘という住宅地が目的地だった。瓦葺き2階建ての日本家屋の社長宅に着いたのは12時半前。豪邸とはいえない社長宅の前に旧型の白いトヨタ・カルディナが停まっており、それに社長が乗っていた。どうやら私が着くのを車に乗って待っていたようだ。玄関の塀に多数の防犯カメラが付いているのが印象的だった。

「車でついてきて」

窓を開けて腕を振り、社長は車を発進させた。片側2車線のバイパス道を飛ばして向かった先は、関西の奥座敷として有名な白浜温泉郷の高級リゾートホテル「川《かわ》久《きゅう》」だった。取材で何度か白浜には来ていたが、ディズニーランドにあるシンデレラ城のような川久ホテルに入るのは初めてのことだ。バブル時代に建設されたが一度倒産し、現在は北海道の会社が経営を引き継いでいる。

初めてのインタビュー

1階ホール奥の海が見える喫茶エリアで名刺を交換した。社長はグレーのスーツにネクタイのパリッとした恰好だった。昼過ぎなので宿泊客もおらず、喫茶エリアには我々しかいない。

「私はジンジャーエールにしようかな」

「じゃあ僕はコーラにします」

「炭酸飲料は好きですか？」

「ええ」

「気が合うな」

社長が頬を緩《ゆる》めた。

今回の事件の概要を聞くことから話は始まった。九州で生まれ育ったジェシカというノルウェー人ハーフの自称モデルと付き合っていた社長は、東京や白浜で逢瀬《おうせ》を楽しんでいたという。用事があるので田辺の自宅で待っていてくれと午後に数時間家を空けたところ、ジェシカの姿とともに現金600万円、ダイヤなどの貴金属類5400万円相当が消えていたというのだ。

社長は警察に被害届を出し、和歌山県警は捜査員を東京に長期出張させたそうだ。

そんなことを聞いている間にも、携帯が鳴って社長が席を外すことがしばしばあった。

「あんた銀座や新地の高級クラブに行ったことはあるんか？」

「はあ。まあ行ったことはあります」

「○○はどうや？」

「ああ、○○ママのところですね。何度かお邪魔させていただきました」

「ほな、○○は？」

「大きなシャンデリアのあるお店ですよね」

「あんたも相当遊んでるんやなあ」

呆れたような、でも嬉しそうな口調だった。

「いやあ〜、仕事で行っているだけですから。個人的には行きたいとは思いません。何十万円取られてモノにもできない場合があるし。あそこはホステスさんと客の騙し合いの空間じゃないですか」

「へへへっ、そうやなあ〜。私もね、随分と痛い目に遭いましたよ。あんたもそうか？」

「私はホステスさんの目の前にぶら下げるニンジンを持っていませんから、初めから相手にされてないので被害は最小限でした」

「ハハ、ハ。そうやなあ〜。相手は私じゃなくて私の財布が目当てだからねえ」

「その通りです」

社長は結婚歴が2回あり、1度目は銀座の有名店のナンバーワンホステスを見初《みそ》めて結婚したという。ナンバーワンなのかどうかを今更《いまさら》たしかめる術《すべ》はないから「凄《すご》いですね」とヨイショしておいた。2番目は飯倉《いいくら》近くのこれまた高級クラブのナンバーワンホステスさんを口説きまくって結婚した。

この2番目の奥さんのCさんに、社長が惚れまくっていたことが社長と付き合いだしてからよく分かった。いま思えば、社長の好きな女性のタイプが純情可憐ではなく、勝気な女性であるところに悲劇があったと思う。

事あるごとに口喧嘩から始まって手当たり次第に物を投げる喧嘩から取っ組み合いの喧嘩に発展していくことも珍しくなかったと、後で複数の知人から聞いた。奥さんがいても社長の浮気の虫は活発に動き回り、それが筒抜けになるのを気にしないのがドン・ファンの性格だった。それで浮気1回につき100万円を支払っていたというから浮き世離れした夫婦関係だったようだ。

ベンツと共に去りぬ

前妻のCさんについて面白いエピソードがある。彼女は才色兼備の女性だったが、実家が母子家庭で貧しかったので手っ取り早くお金になるホステス稼業に身を染めた。20以上も歳の差があり、本来なら社長と結婚したくなかったのかもしれない。ところが家庭の事情で結婚することになった。言葉は悪いが人身御供《ひとみごくう》のようなものだったという知人もいる。

彼女は結婚するや否や社長と暮らす自宅を自分の好きなように改造した。言うことを聞かなければ離婚するというのが殺し文句だったらしい。

社長が出張している最中に知人・友人を自宅に呼んで盛大なパーティを催すことも

珍しくなかった。ブランド品（主にエルメス）を社長のカードで買い漁り、それを換金するのがお金を残すための彼女の知恵だった。社長も薄々そのことに気が付いていたが、惚れた弱みもあるし、浮気性なので文句を言えなかったのが真相のようだ。

Cさんは着々とお金を増やしていく。女友達とリゾートホテルで豪遊することもあったという。社長のクレジットカードをフルに利用して、デパートの商品券の換金も頻繁に行っていたらしい。

社長におねだりして2000万円もする白いベンツを手に入れたのが最後だった。

「ありがとうねぇ〜」

Cさんは社長にそう言い残してベンツと共に走り去ってしまった。そして二度と帰ってこなかったのだ。

「風と共に去りぬではなく、ベンツと共に去りぬ」

従業員たちの間では有名なエピソードだ。

和歌山が馴染みのワケ

話題が脇道にそれてしまった。ホテル川久での社長の取材に戻る。

「私はね、和歌山とか大阪ではなくて東京で儲けさせてもらったんです」

最初は何を言いたいのかわからなかった。貸金業の本拠地を東京に移したことが、社長に巨万の富を授けてくれたと言いたかったのだ。

「東京駅の丸の内仲通りでティッシュ配りをして成功したんです。相手は公務員か三菱などの一流企業に勤める方々限定で、職場が担保になってくれたわけです」

なるほど。私はここで膝をポンと打った。貸金業について興味はないが、過去に貸金業者を取材したこともあり、内情は知っているつもりだ。貸金業で最も大変なのは客の返済が滞ることと、客が行方不明になってしまうことだ。公正証書を作るのも手間暇がかかる。その点、公務員や一流企業の従業員ならそのような心配は少なくなる。

「和歌山や大阪でやっていたらきっと上手くいかなかっただろうなぁ〜。関西は神経の太い客が多くて、返さないのが当たり前という剛の者もいてね。東京はスマートだから好きなんです」

「アロチや北の新地ではブイブイ言わせなかったんですか？」

アロチというのは和歌山市内の繁華街で、クラブやスナックが密集している地域だ。北の新地は大阪駅から近い繁華街なのは言うまでもない。

「アロチとか、あんたよく知っているなあ。顔に似合わず遊び人か」

社長がケラケラと笑った。

「そんなんじゃないですよ。縁あって以前、和歌山市内に半年ほど住んでいまして、取材をしていました」

「何のために？」

「旅田卓宗《たびたたくそう》って元市長を知っていますか？」

「うん、有名な市長やで～。警察官出身で白浜の巡査をしていたんや。女の件で逮捕されてしまってなあ。あれは大きな事件やった」

「そうですか、知っているんですか。あれを逮捕させたのが私です」

「はあ？　本当ですか？」

社長の顔が急に輝いた。旅田元市長といえば県知事選にも出馬するほど人気のある市長だった。その旅田氏が、廃業間近の老舗旅館を市立美術館として借り上げて改装し、年間1億円の賃貸料を10年にわたって払おうとしている、という情報を私が入手した。老舗旅館の若女将《おかみ》は旅田氏と愛人関係にあり、大阪のシティホテルで密会しているところを撮影して、「背任疑惑」としてフライデーで記事にしたのだ。

私の書いた記事が出たあと、旅田氏は別の収賄容疑で逮捕されたが起訴されなかった。その後、私の目論見通りに背任で再逮捕され、愛人の若女将も逮捕されたのである。

私はこの取材で、半年にわたって東京と和歌山を往復し続けた。和歌山が馴染みなのは、そういう理由なのである。

政治家嫌い

「そうだったんや。やっぱり悪いことをしたら捕まるんやなあ。あんた凄いやないか。ワシのところにも旅田さんの悪い話は入っていたが」

社長が目を細めた。もし社長と旅田さんが仲良かったら取材は上手くいかなくなるところだったが、それならそれで構わない、と考えていた。

「政治家は自分の金で遊べばいいんだ。オレはそうしているで〜」

「たしかに……」

社長は遊び過ぎでしょ、と言いたかったがやめた。

「選挙資金を貸してくれっていうのもおるけど、貸しても後で感謝しない。あいつら選挙のときにしか頭を下げげんから。私はね、頭を下げるのは何とも思わないから」

社長は政治家の汚さをとうとうと述べ始めた。どうやら政治家とも付き合いがあるようだが、固有名詞は口にしない。

「北朝鮮なんかミサイルを撃ち込めばいいんやないか」

相当のタカ派である。

「そんなことをしたら難民が大勢出ますよ」

「なんや、あんた弱腰やなあ。ところでその若女将って有名だったけど、べっぴんさんか?」

結局落ち着く話題は女性のことだ。当時若女将は和歌山市の三大美女と呼ばれていた。もう一人は市内で手広く飲食店を経営している若女将、そして残りの一人は市役所近くのオシャレな喫茶店の女性経営者だった。

「背がすらりとして、気品のあるべっぴんさんですね。だけど社長のお好きなボン・キュッ・ボンとまではいきませんよ」

「ああ、そうですか……。やはり、そんな女はなかなかおらんからなあ。だから私はね、交際クラブを利用するようになったんです」

社長は突然、交際クラブの仕組みについて詳しく説明し始めた。

「そんなにいい女がいるものですか?」

「いますよ。大体モデルって商売はね、ほんの一握りの一流モデル以外はお金がなくていつもピーピー鳴いているんやから。タレントの卵とかも登録しているんですよ。

写真とスリーサイズをメールで送ってもらって、気に入ったら会いに行く。業者には一回5万円を紹介料として払うだけやから便利なんです」

「東京でやっているんですか？」

「そうそう。毎週のように行っているから」

話は前に後ろに飛びながら相当の時間が経っていた。

オレの飯が食べられないのか

「社長、もう4時間も経っています。この辺でボクはお暇《いとま》しますから」

ノートとICレコーダーをカバンにしまおうとした。

「いやいや、食事を用意していますからね。一緒に食べましょうよ」

「心遣いはありがたいんですけれど、そんな約束はしていませんし、大阪に戻らなければいけませんから」

「遠慮することはないんやで」

「遠慮はしませんが、ご飯は辞退します」

「あんた、堅いなぁ〜」

社長が苦笑した。夕食の準備ができるまで社長の話を再び聞くことになった。夕食といっても午後5時からだという。ずいぶん早いなと驚いたが、社長時間というものがあることを知るのはもう少し後のことだ。

「食事の準備ができました」

黒服の若い女性が呼びにきたので、帰ろうと腰を上げた。

「部屋で話の続きをするから、一緒に行こう」

社長がそう言うので、仕方なく一緒にエレベーターで上に行こうとすると、髪をアップにした着物の中年女性が合流した。

「白浜でスナックをやっています。社長にはたまに呼ばれるんですよ。今日はお酌に来ました」

彼女が大きな目を細めて微笑んだ。個室に招かれると、座卓には伊勢海老や真鯛の御造りがドンと鎮座していた。アワビのステーキも鉄鍋に載っている。贅《ぜい》を尽くしたお膳だった。

「あれ？　これって2人分じゃないですか？」

私は不満の声を上げた。

「そんなことはいいから食べればいいんですよ。どうですか、豪華な料理でしょ」

お酌されたビールをさっそく飲みながら、社長は笑った。

「いや、食べません。すみませんがコレを下げてくれませんか？」

お膳を運んできた仲居さんに頼んだ。彼女は明らかに困惑の色を浮かべている。

「じゃあ、申し訳ありませんが、あなたが食べてくれませんか？」

社長の脇に腰かけている和服の女性に頭を下げた。

「いやぁ〜、私お腹が一杯で食べられませんから」

彼女は社長の顔色を窺《うかが》うようにして手を振った。

「僕もこれから大阪で会わなければならない人がいますから、食べませんよ」

箸に手をつけないままインタビューを続けた。ちなみに『紀州のドン・ファン』のパート1の表紙写真はこのとき撮られたものだ。社長の葬式の遺影にも、その写真が使われた。もちろんこのとき、将来出版するなどとはまだ考えてもいなかった。

「オレの食事に手をつけなかったのはあんただけや。ちょっとでいいから箸をつけてくれないかな。そのマグロだけでもいいから」

これ以上断り続けてケンカになるのも大人げないので、マグロの刺身に箸をつけた。本マグロの中トロというか大トロに近いねっとりとした食感が口の中に拡がった。

「どうや、美味しいでしょう？」

「ええ。でも、こんなのばかり食べていたら成人病になりますわ」

私が苦笑すると、社長はやや落胆したようだった。

「こんな美味しいマグロは初めて食べました」

そう答えたら社長は満足したのだろうが、私はそれほど演技が上手ではない。

焼き物では霜降りのピンク色のステーキが運ばれてきた。呆れるばかりの豪華な食事だ。

「これはね。熊野牛という地元のブランドの牛なんやで」

鉄板の上で自分で炙《あぶ》るスタイルだ。香ばしい匂いが部屋に充満する。

「なんや、食べないのか？」

女将に取り分けてもらった肉を頬張りながら社長が訊いた。

「ボクはお酒がないと食事はしないんです」

夕食時には酒を飲みながら軽くつまむのが私のスタイルで、太らないようにいつもそうしている。

「酒を飲めばいいじゃないですか」

「車ですし、先ほども言ったように予定がありますから」

「私がね、ホテル代を支払いますからここに泊まっていけばいいじゃないですか」

「だから大阪に戻らなければならないんですって」

「あんたも強情やなあ～」

　呆れたように私を見る。後で分かることだが、社長はお金で人が動くものだと思い込んでいたのだ。私のように豪華な食事に見向きもせず、高級ホテルに泊まることも拒否した者はいなかったのだろう。私は嫌なものは嫌と言い切るタイプで、社長は逆にそこが気に入ったのだと思う。

「どうですかね～、私のような人生を本にしたらいいんじゃないでしょうか」

　ビールを飲んでご機嫌になった社長が提案した。

「本ですか？」

　私は頭の中で素早く計算していた。

「自叙伝って出来ませんかね？　自費出版でいいんですけど」

「う～ん、どうでしょうかね」

　答えを濁した。

「社長、お金はかかりますよ」

「どれくらい？」

「部数や装丁にもよりますけど、最低５００万円ぐらいはかかるんじゃないですか？

詳しく調べてみますけど」

「それくらいだったら出しますから。まあ1000万円くらいまでならいいですよ」

余裕の表情を浮かべる。このとき私は彼の総資産がどのくらいあるか、まだ知らなかった。

「でも、自己満足でしかないですよ。書店にも置かれないでしょうし。それでいいんですか？」

「ええ、それで結構です。よろしくお願い申し上げます」

社長が深々とお辞儀をした。

「ひとつ大事なことがあるんですが、社長はヤクザと関係はありませんか？」

社長の目を見据えた。

「ヤクザ？　そんなの無いですよ」

「でも貸金業にヤクザはつきもので、債権回収を稼業にするヤクザも多いですから」

ヤクザと関係がある人物の本にかかわりたくはない。

「まあ、そのように思うのは分かりますけど、私は闇金をしていたわけではなく許可を取って営業していたんです。私も暴力団は嫌いです。債権を譲ったこともありません。調べてみて下さい」

「分かりました」

本当かな？　と思ったが、調べてダメだったらやめればいいや、という気楽な気持ちになった。

これを潮目に腰を上げた私は、ホテルを後にして大阪に向かった。

「ドン・ファン」誕生

インタビュー後に私が書いたドン・ファンの記事は、週刊現代に掲載された。編集部がつけたタイトルはこうだ。

〈平成のドン・ファン大いに語る

「私はこうして美女４０００人に30億円をつぎ込んだ」〉

「ドン・ファン」誕生の瞬間である。ご存知のようにドン・ファンとは17世紀のスペインの伝説の人物で、女性遍歴が奔放で戯曲にも登場した。いわばプレイボーイの代名詞である。

社長と直接会っている私は、ドン・ファンと呼ぶにはちょっと違うけどな、と思ったが、面白いのであえて訂正はしなかった。このときは、のちに「紀州のドン・ファン」という呼び名がＮＨＫニュースでも使われるなどとは思いもしなかった。

「カネでセックスをして何が悪い。セックスのために俺はカネを稼いでいる──。これほどきっぱりと言い切る男がいただろうか。清々《すがすが》しいほど女好きな和歌山の大金持ちが、己《おのれ》の生き様を語り尽くす」

こんなリード文で始まるその記事には、戦後鉄くず拾いからコンドームの訪問販売などで財を成したドン・ファンの半生が記されていた。

〈こんなことを言うと変態だと思われるかもしれませんが……。私が1日に3回もできる理由は、若い女性とセックスをしているからに他なりません。医学的に効果があるのかどうか調べたことはありませんが、若い女性の愛液を毎日飲ませていただいているのが、絶倫につながっているとしか思えないのです。私にとって、愛液はまさに「命の水」です〉

文章にするとかなり生々しい表現になるが、私は社長から聞いたことをねじ曲げずに書いただけだった。

麗子さん

週刊現代が発売されてから数日後の昼間に、社長の行きつけの銀座の天ぷら屋さんで自叙伝の打ち合わせをすることになった。白浜から帰ってから社長とは何度も電話で昔のことを訊いていたが、なかなか話が進まず筆も止まったままだった。

「このままでは時間がかかり過ぎますから、どなたか紹介してもらえませんか」

「分かりました。考えておきましょう」

社長にお願いして、社長のことをよく知る人を紹介してもらうことにしたのだ。多分愛人なのだろうが、ここにも社長好みのべっぴんさんが一緒に来ていた。色白で、鼻筋が通った彼女に軽く挨拶をしたがお高くとまっているような仕草が返ってくるだけだった。

「若鮎と車エビね」

カウンター席で社長は次から次へと注文していき、それを生ビールで流し込んでいる。

「遅くなって申し訳ありません」

やってきたのは社長が紹介するといった麗子さんだった。170センチ近くの身長でスレンダーなべっぴんさんである。

「後は麗子さんから聞いて下さいね」

店を出た社長は、ご機嫌な顔で脇の愛人さんと一緒にタクシーに乗って走り去っていった。

「べっぴんさんとエッチをするために私は稼いできた」

自らの言葉を立証する振る舞いだ。走り去るタクシーを見送りながら、これから彼女と真昼のバトルを始めるのかと思うと苦笑せざるを得なかった。

残された麗子さんを近所の喫茶店に誘った。彼女は約30年前に日本に帰化した中国人女性だ。浙江《せっこう》大学を卒業した後で、東大大学院に留学して心理学を学んだという才媛である。今ほど中国人が自由に海外に行けない時代に彼女は上海から東京に留学してきたという。現在は中国関連ビジネスのコーディネーターをしている独身女性だ。

「私が日本に来たときには、まだほとんど中国人はいませんでした。中国人の外国旅行は制限されていて夢のまた夢の時代だったんです。文化大革命をなんとか逃げ延びた私の両親は医者でした。教育に力を入れてくれて、勉強したいなら日本に行ってもいいよ、と協力してくれたんです。アメリカに従弟もいて支援してくれました。そうでなかったら日本に来ることなんて絶対にできませんでした」

しばし麗子さんの人生に耳を傾けた。

「日本人の奥ゆかしい謙虚な気持ちに触れて日本が好きになって帰化もしたんです。もちろん中国は好きですけれど、マナーの悪さには眉をひそめてしまいます」

彼女がドン・ファンとの出会いを話し始めた。

「海外で活躍している女性たちという週刊現代の特集に私が載ったんです。社長は編集部に電話して、うまく私の連絡先を聞きだしたようで、それで連絡をくれたのが最初の出会いです。愛人ではありませんよ」

麗子さんはケラケラと笑った。私がドン・ファンの記事を寄稿した週刊現代が出会いのきっかけだったとは、奇遇なものだ。

「私はグラマラスでもないし、社長は最初に会ったときに口説けないタイプだと認識したんじゃないですか。何度も『結婚しましょうか』と言われましたが挨拶みたいなものだし、お金のために結婚するなんて私の頭にはないので断っていました」

麗子さんは、ドン・ファンの2番目の奥さんだったCさんとも親しかったという。

「彼女は実家が貧しくて、社長との結婚を受けざるを得なかったんです。10年近くの夫婦生活で2億円ぐらいは蓄財したんじゃないですかね」

Cさんの話、夫婦の話などを喋ってくれた。

ドン・ファンは足が悪く、つんのめるように歩く姿をワイドショーなどで見た人も多いだろう。交通事故が原因なのに、コメンテーターたちは脳梗塞のせいだといい加減なことを言っていた。この交通事故の現場にも、麗子さんは立ち会っていた。

「日比谷の交差点近くでティッシュ配りのお手伝いをしていたら、向こうのほうで交通事故だっていうので見に行ったら、車に轢《ひ》かれたのは社長だったんです。救急車に乗せられて病院に向かったというので、驚いて聖路加《せいろか》国際病院に駆けつけました」

麗子さんと社長の付き合いはCさんが離婚してからも続いていた。私は彼女から社長についてかなり詳しく話をきくことができたが、それだけでは自叙伝は書けない。そこで社長の会社の元従業員たちにも連絡を取って取材を進めていった。家政婦の大下さんと出会ったのもそのころである。

ウソつきドン・ファン

「熊野本宮大社に寄付をしたんです。どうしてもお願いしたいって頼まれましてね」

「幾らですか？」

「500万円」

「はあ？　そんなに？」

「私の名前が彫ってある立派な鳥居もありますよ」

社長から何度もこの話は聞かされていた。しかし、社長が信心深いところは見たこともなかった。自宅のリビングには神棚があるが、毎朝手を合わせるわけでもなく、精々市内の闘雞神社に詣でるぐらいなものだ。

女性にはお金を惜しみなく使うが、私のような男性に金を使うことなど頭の片隅にもない。従業員に給料を支払うのも本当は嫌で嫌でしょうがない。毎月のように残業代の支払いを渋って従業員が社長の自宅に談判に来るのも珍しくなかった。

「社長、きれいに支払ったらいいじゃないですか」

私は社長に対して忌憚《きたん》なく意見できる立場だったので、従業員からも重宝されていたようだ。

本宮大社に500万円を寄付したとなれば、意外と信心深いエピソードとして扱える。しかし、裏を取らなければ相手にとっても迷惑な話になるので、本宮大社に電話をしてみた。ちなみにここは日本サッカー協会のシンボルの八咫烏《やたがらす》発祥の地で、有名選手や歴代日本代表監督が詣でる神聖な神社だ。

「田辺の野崎幸助さんが、10年ほど前にそちらに500万円を寄付したとうかがっているんですが……」

「はあ？　少しお待ちください」

しばらく間があり、こんな答えが返ってきた。

「野崎幸助さん？　知りませんが」

念のため、ドン・ファンの旧姓も告げてみた。

「もしかすると樫山《かしやま》幸助になっていたかもしれません」

「そのお名前でも寄付の記録は残っていませんねえ」

礼を言って電話を切り、慌てて社長の携帯を鳴らした。

「記録が残っていないとのことなんですけど」

「それはあっちが間違っているんや。ふざけた話や」

社長の怒った声が響いた。

この件がキッカケになって、私は社長の話にウソや誇張が多いことに気が付き始めた。

当然のことながら熊野本宮大社への寄付の件は自伝に書かなかった。社長が亡くなる1年ほど前に偶然社長と本宮大社へ行く機会があった。

「アレ？ 社長の名前が彫られてる鳥居って、どこにあるんですか？」

「……。ああ、あれはウソやった。すんません」

しれっと謝るところが憎めなかった。

予想外のベストセラーに

自叙伝はなんとか半分以上書き上げた。それをコピーして郵送し、社長に原稿をチエックしてもらう段取りになっていた。ところがコピーを送ったのに、それ以降社長からの連絡が途絶えてしまった。

「連絡が取れないんですけれど、身体の具合でも悪いんですか？」

「そんなことないですよ。毎朝会社に来ていますから」

金庫番の佐山さんはそう言う。忙しいのかと思い電話をくれるよう言付けをしても、梨《なし》の礫《つぶて》だった。いつもは早朝にかかってくる機関銃のような携帯電話の呼び出し音も途絶えた。

「社長はお金を出すのを渋っているようだよ。酷《ひど》い話や。都合が悪いとぴたっと電話に出なくなるのも、悪いクセだから」

取材で何度も会っているうちに気が合ったマコやんが電話で教えてくれた。

結局、２０１６年の夏前に大阪に仕事で行った折りに田辺まで足を延ばし、社長に直談判することにした。早朝に会社に乗り込んでいくと、社長が私を見てギョッとした表情を浮かべた。

「約束はどうなったんですか？」

「ああ、あれなあ。もういいですわ」

笑って誤魔化そうとする。

「そんなの勝手すぎるじゃないですか。僕も時間と労力を相当使って、調べて書いたんですから」

私がいくら言っても、社長はのらりくらりを続ける。お金を出すのが惜しくなったということはよく分かった。

「それでは出版社から出すように動きます。それでいいですか？　社長からは一円も頂きませんから」

「そうですか。それでお願いできますか？」

内心、腹は立っていたが、それしか方法は残されていない。社長賛美が多かった文章を大幅に修正して書き上げたのが『紀州のドン・ファン』で、16年12月20日に講談社から出版された。

自分の顔写真がオビにドンと載っている文庫本を手に、社長はご満悦だった。

「私、今度このような本を出版したんです。よろしくお願いします」

社長のナンパに『紀州のドン・ファン』がアイテムとして加わった。本来なら誰からも見向きもされない自費出版を土壇場で蹴った結果、大手出版社から出版できたのだから社長には強運があったのだろう。さして宣伝もしなかったのに、販売担当者が驚くほどの売り上げだった。

重版が毎月続くなか、テレビ番組からも数多くの出演依頼があり、私が窓口となって対応した。しかし、社長は体調が優れない時期も少なくなかったので、ほとんど断っていた。躁鬱《そううつ》気味のところがあり、調子のいいときは饒舌《じょうぜつ》になるが、4日も5日も寝室から出てこないで従業員に食事を運ばせる日もあった。これでは出演スケジュールを組むことなどできない。また、滑舌《かつぜつ》も良くないのでテレビのインタビューはなるべく断るようにしていた。

17年2月に社長宅に強盗が入った件で、犯人に対して民事の損害賠償請求をしたいという社長の相談を受けるために田辺に行った。そのときには大下さんがお手伝いとして来ていたし、麗子さんも合流して賑やかだった。大下さんが10日間の契約が過ぎて帰京した翌日の朝のことだった。私と社長は知人と会って朝食を共にし、朝10時近くに社長宅に戻ってきた。社長は一度寝室に上がったが、しばらくして血相を変えてリビングにいる私と麗子さんの前に現れた。

「こらっ、麗子！　１００万円を盗んだな！　どこに隠したんだ!!」

隣近所に響き渡るような絶叫が何度も繰り返された。

「盗んでなんかいませんよ」

身の危険を感じた麗子さんは1階の玄関脇のゲストルームへ逃げて鍵を閉めて閉じ

こもった。

「開けろコラ。盗人が」

ドアを破りそうなくらい叩いている。

「社長、いい加減にして下さいよ。彼女が泥棒するわけないじゃないですか」

「うるさい。あいつは泥棒だ」

「そんなに疑っているのなら警察を呼びましょうよ」

「警察はええ、麗子出てこい」

私から見れば社長は錯乱したとしか思えなかった。30年来付き合ってきた麗子さんを泥棒呼ばわりするなど考えられない。1時間ほど怒鳴り続けた社長の隙《すき》をついて、麗子さんは家から脱出し、市内のホテルに1泊避難してから帰京した。それから社長が死ぬまで彼女は一度も会っていない。

麗子さんの件から数日後、今度は私がターゲットになった。

「お前、100万円盗んだろ」

「はあ?」

バカバカしくて反論する気にもならない。

「早く返せ。今なら許してやる」

「本気でそう思うなら警察を呼びなさいよ」

この一件に嫌気がさして、私は一時社長との付き合いを絶った。

社長が死んでから麗子さんと会ったが、あのときの社長は病気だったとしか思えない、というのが共通の認識だった。

「ヨッシー元気かな？　社長がな、ヨッシーに電話をしても出てくれないって泣き言を言っているで〜」

マコやんからの電話は受けていたが、社長からの電話は完全無視した。マコやんの仲裁で連絡を取るようになったのは17年の秋のことだった。社長は会社経由で来たテレビ局からの取材依頼を何度か受けたのに、放送されずにお蔵入りになっていたこともそのとき分かった。自分一人だけではマスコミとうまく付き合えないことがよくわかり、私と親しくした方がいいと思い直したのだろう。

17年11月中旬に『紀州のドン・ファン』のアマゾン・ランキングが急上昇した。理由は人気番組「アメトーーク！」が年に一度行う「読書芸人」で、11月16日に紹介されたからだった。読書好きの芸人が好きな本を紹介するという企画で、吉本興業の東野幸治さんが『紀州のドン・ファン』が滅茶苦茶面白いと紹介してくれたのだ。

刷り部数がそれほど多くなく、置いていない書店も多いというのに、よくもまあ本を見つけて紹介してくれたものだと驚いた。このことがネットで広まると人気がうなぎ上りとなり、アマゾンの在庫が一時なくなってしまうほどだった。

また、週刊誌でもドン・ファンを取り上げると部数が伸びると評判が立ち、そんなに人気があるならと、第2弾の書籍の刊行が検討されることになった。そして紆余《うよ》曲折《きょくせつ》はあったが、18年4月19日に第2弾の『紀州のドン・ファン　野望篇』が発売されたのである。

第三章　覚醒剤とアダルトビデオ

家宅捜索

2018年5月25日夜9時近くに任意同行で警察に連れていかれたさっちゃんは帰って来ず、ボクシングの試合もあっという間の井上のTKO勝ちで終了。テレビを消して横になると、疲れのためかすぐ眠りに落ちてしまった。

「おい、おい。起きて」

身体を揺すられて目を開けると、見知らぬ若い男が私を見下ろしている。

「あれ？　俺はどこにいるんだっけ？　……社長の家だ。やばい。泥棒だ」

まだ半分眠っている頭に真っ先に浮かんだのは、強盗のことだった。玄関の戸締まりがどうなっていたか記憶にない。しかし、間の悪い時に泥棒がくるもんだ――そんなことがボーッとした頭に浮かぶ。ここのリビングの窓ガラスを割って強盗が押し入ったのは、昨年2月のことだ。そのときの顚末は、『紀州のドン・ファン　野望篇』に詳しく書かれている。

「和歌山県警です」

強盗ではなかった。私の頭はまだ機能していない。

「早く、出て、ホラ」

男は私の身体にかけてあった毛布を引きはがし、この場から去るよう促した。

「はあ？　出て？　どういう意味ですか？」

やっと頭が動き始めた。時計の針は午前0時半を指している。

「家宅捜索やから、はよう出て。さあ〜」

強い口調で私の肩に手をかけ起こそうとする。

「身体に手をかけないで下さいよ！」

私は抗議しながら、2つのソファを向かい合わせただけの簡易ベッドから身体を起こして言った。

「捜索令状を見せてもらえませんか？」

「そんなのええから、はよう出て」

「そんなのええから？　何を言ってるんだ」

私の言葉を無視して、男は有無を言わさず私の腕を引っ張って玄関に連れて行こうとする。

「やめなさいよ。これは暴行ですよ。で、捜索令状は？」

「お前に見せる必要はないんや。奥さんに見せているから。ほら、出ろや」

急に乱暴な言葉遣いになった。こんなオラオラな態度が、和歌山県警ではまだ続いているのか？　警視庁では考えられない。

そうか、さっちゃんが警察と一緒に家に戻ってきたんだな。それは分かった。男はなおも強く私の身体を引っ張って、家から追い払おうとする。３～４人の捜査員が狭い廊下に入り込み、私の身体を引っ張っていく。

「やめなさいよ。痛い、痛いから」

右腕の付け根に痛みが走った。

「やめろ。触るなって」

さすがに腹が立ってきた。

「公務執行妨害にするぞ」

捜査員が叫んだ。公務執行妨害が彼らの得意なフレーズであることはよく知っている。こんなのは脅しでしかない。

「ああ、したかったらどうぞ。横暴な振る舞いを全部明かしてやるから」

「なんでもすりゃあいい」

「なんや、酒飲んでるんやないか？」

捜査員の一人が吐き捨てるように言った。

「はあ？　オレが酒を飲んで何か悪いのか？　車に乗っているわけじゃない。ソファで寝てたんだから」

塀の外の道路には捜査車両が3台ほど並んでいた。社長宅の外壁には真夜中でも読書ができるほど強力な防犯灯がついているので、捜査員の出入りも顔もくっきりと確認できる。

この事件は長引く

その中の一台のワゴン車に乗って捜索が終わるまで待てという指示だった。メガネをかけてスーツを着た、落ち着いた感じの年配の警部が応対し、私と名刺を交換した。どうやら家宅捜索と同時に家の中ではさっちゃんと大下さんの事情聴取も行われているらしい。私への事情聴取がないのが不思議だったが黙っていた。それよりも無理やり睡眠を破られた怒りのほうが強い。昨晩から寝ておらず、社長の死にショックを受け、肉体的にも精神的にも疲労困憊《こんぱい》だった。

「こんな時間に家宅捜索をしなければいけないんですか？」

事件の取材を何十年も行っているが、現行犯の事件ならともかく、前日の案件で深夜の家宅捜索は異常だ。

「捜査のことは私も分からないんです。現場の管理を任されているだけですからね」

手の内を見せたくないだけで、そんなはずはない。

「儲かりまっか？」

「ボチボチでんな」

という大阪人の会話と同じで、挨拶のようなものだ。

「白浜の事件が話題になったから田辺も張り切っているんでしょ」

「いや、そんなことはないですけどねえ～」

白浜の事件とは、17年7月に白浜の入り江にシュノーケリングにきていた大阪在住の若夫婦の妻が溺死したもので、ひと月前の4月19日に夫が殺人の容疑者として逮捕された。これが大騒動になり、ワイドショーや新聞が連日報道していた。

警察は自らが手がけた事件の解決が世間の話題になることを望んでいるのは言うまでもない。こんな難事件を解決したんだ、というのは手柄となり、彼らの昇進にも影響する。

白浜の事件ではもちろん県警本部の応援も来たが、管轄は和歌山県警白浜署。田辺署から15キロも離れていないお隣の警察署である。ドン・ファンの件で田辺署が張り切るのは当たり前のことだと容易に想像できる。

白浜の事件現場は田辺湾内の静かな入り江で、私もよく通っていた道路沿いにある。妻はスキューバダイビングのライセンスもあり、とても溺れそうもない岩場で溺死体となって発見された。

解剖の結果、妻の胃からは多量の砂が検出され、夫が妻の頭を押さえつけて殺害したと推定された。夫は別件の窃盗容疑で逮捕されていたが、4月19日にようやく殺人容疑で逮捕されたのだ。

事件後に、夫は殺害の2ヵ月前に妻に3000万円の生命保険を新たにかけていたことや、愛人の存在も明らかになった。その愛人が妊娠していることを妻に気づかれ、離婚についても話し合われていたとも報じられた。

しかし、この事件には目撃者はおらず、胃の中に大量の砂が入っていたことしか証拠はない。誰かが妻を海中で押さえつけたので大量の砂を苦し紛れに吸い込んだものだと警察は判断し、犯人は夫だとして逮捕に至ったのだ。

夫が妻に生命保険をかけていたことや、愛人の存在があって離婚の話し合いをしていたことを、警察は状況証拠としている。だが、もし容疑者である夫が否認を続ければ、裁判は難しいものになりかねない。

警察は自分たちに都合のいいことは発表したり、近しいマスコミにリークしたりするが、それ以外は黙っている組織である。

「あんな浅いところで事故死するわけがない」

「生命保険をかけたばかりだ」

「愛人の存在が妻にバレて離婚の話し合いをしていた」

警察はそのように発表したが、それだからといって夫が殺害したという証拠にはならない。離婚の話し合いで揉めている夫婦が仲良く白浜にシュノーケリングに行く方が、私は腑《ふ》に落ちないのだが。

このように状況証拠だけでの捜査は難航を極める。

私は殺害から丸一日の時点で、ドン・ファン事件の捜査も目撃者のいない事件なので長引くだろうと推測していた。

覚醒剤!?

真夜中の家宅捜索は空が白み始めた午前5時前に終了した。

私は捜索を終えて家から出てくる捜査員の顔を撮り続けていた。私に暴行を働いた捜査員を特定するためだ。

「こんなにアザができたんですよ」

家宅捜索の間に、年配の警部に右腕の付け根近くの傷を見せた。赤紫色になっている。

「傷害事件として扱ってもらえますか？」

「ええ、いつでも訴えて下さい。止めはしません。ただ、どの捜査員がやったのか断定をするのは難しいと思いますけど」

思わず絶句してしまった。

「捜査をするのはあなた方、警察でしょう」

「ですから特定されていないとねえ」

これはダメだ。田辺署、そして和歌山県警に対する怒りの気持ちがふつふつと沸いてきた。素直に謝ってくれれば許す気だったのに……。

3時間ほど仮眠し、起きてすぐにアプリコへ向かった。この日午前11時に、従業員6人全員が田辺署に呼ばれていることを知っていたので様子を見に行ったのだ。

「そのまま逮捕されたりして〜」

「『お前犯人ちゃうんか』って言われたらどないしようか」

「取り調べでカツ丼が出たら白状しようかな」

事務室では緊張を払拭するためか、従業員たちが思い思いに軽口を叩いている。彼らが警察へ向かった後、昼過ぎになってさっちゃんが起き出してきた。

リビングで大下さんと3人で腰かけ、昨晩のことを話し始めた。

「家宅捜索令状には何と書かれていたの？」

さっちゃんに訊いた。

「え〜と、覚醒剤使用がどうのこうのとか書かれていました。注射器とかパケっていうんですか？　小分けされた袋などがないかを探す捜査だと言っていました」

その言葉に衝撃を受けた。

「覚醒剤!?　ホント？」

「さっちゃん、それ本当なの？」

大下さんも驚いた顔をしている。

「社長が覚醒剤をやってたってこと？」

「それは分からないけど、そう書かれていました」

このことはこの5日ほど後になって、毎日新聞がスクープという形で記事にした。もちろん私からの情報ではない。週刊新潮も5月31日発売の号で覚醒剤について記事にしている。

「私は覚醒剤はやりません」

週刊新潮が記事で、『紀州のドン・ファン』パート1に記載されているドン・ファンのこの言葉を引用していたので驚いた。何度も読んでいるが、そのようなフレーズがあったことは記憶から消えていた。

ドン・ファンはたしかに、芸能人やスポーツ選手などが安易に覚醒剤に手を染めることを批判し、自分は絶対にやらないと断言していた。

その社長が覚醒剤を使用しているなど想像だにしていなかったから、さっちゃんの言葉に心底驚いた。ドン・ファンが躁鬱ぎみでかなりの気分屋であることは認めるが、覚醒剤は想定外のことだ。

「社長が覚醒剤なんて……」

大下さんも私と同じように唖然《あぜん》としている。

毎日新聞や週刊新潮の報道では、ドン・ファンの身体に注射痕はなく、覚醒剤を口から飲んで摂取したとされている。これは、和歌山県警が公式に発表した事実ではないが、警察がリークしているのは間違いない。

誰かが無理やり、社長に覚醒剤を飲ませたのか？　そんなことが可能なのか？

そもそも、死因は本当に覚醒剤なのか？

アプリコの従業員たち

戻って来た従業員たちに、事情聴取の様子を尋ねた。

ここで、6人の従業員について書いておく。

まずは、番頭のマコやん。社長の信頼が厚く、関空などへの送り迎えを担当していた。バツ2の独身で、娘さんと1歳の孫と同居している。

続いて金庫番の佐山さん。アプリコに15年勤めているクールビューティのバツイチ。社長にも遠慮なく進言するので、社長はちょっと苦手に思いながらも、その能力は認めていた。

もう一人のベテラン、前原さんは5年ほどアプリコに勤めている中年の男性で、妻子持ちで家庭を大事にする口数の少ない人物だ。

残りの3人は若手で、3人とも25歳前後。

三山クンが社歴では一番古く、3年ほど勤めている。気持ちの優しい男で、社長の愛人への電話を代わりにかけることもあった。独身。

金井クンは口が上手く、社長のご機嫌を取るのが得意だった。和歌山市内の販売を担当していた。昨年結婚して1児の父親だ。

永井クンは今年2月に入社したばかりで正社員ではない。新婚ほやほやだ。

会社の勤務時間は午前8時―午後5時で、6時には事務所のシャッターを閉める。早番の従業員は当番制になっていて、朝5時に出社して社長宅の台所のゴミ出しと庭の水まきが仕事になっている。早番は午後1時には退社できるので、朝が得意なマコやんや前原さんら年輩の社員たちが率先して担っていた。

会社では全員が仲良くしていたが、会社が終わってから皆で飲みにいくほどの関係ではない。お酒の配達が広域にわたっているので、顔を合わすことが少ないこともある。土日祝日は佐山さんだけが完全休日で、それ以外は社長も含めて出社していた。

「指紋を採られて、採尿されて口のなかの粘膜を取られました」

「私もや～。女性の捜査員と一緒にトイレに入るなんて、失礼しちゃうで～」

佐山さんが笑う。

「ワイもチンチンから小便でているところまでチェックされて……。もしかしたら出たかもしれないなぁ～」

マコやんが神妙な顔で言う。

「まさか……」

「糖がな」

糖尿の気があるマコやんがボケをかました。続けて若手従業員の一人が言う。

「アリバイの確認をされました。あと、亡くなった翌日の掃除を誰がしたかも聴かれた。ああ、それと、携帯電話も押収されました」

アダルトビデオ

「ワイもそうやで。……警察はおかしな会社やと思うんやろうなあ」

マコやんが含み笑いを浮かべながら言うと、

「そや、そや」

と笑い声が広まった。

「女性の私の携帯にも入っていたからね。なんじゃコレって、捜査員は思うやろう
な」

佐山さんも苦笑した。

実は従業員全員の携帯電話に、さっちゃんが出演していたAV（アダルトビデオ）

の映像がダウンロードされていたのだ。

話はこの10日ほど前に遡《さかのぼ》る。東京にいた私にマコやんから連絡が来た。

「さっちゃんが出演しているAVがあってなあ〜。どないしよう」

「別人ではないんですか？」

「それがどうも本人らしいわ」

私も言われたタイトルでネット検索をしたところ、すぐに本人だと確信した。

「一体、誰が彼女のビデオを見つけてきたの？」

「金井や。あいつの仲間が『コレ、さっちゃんやないか？』って見つけて来たと言うんやけど」

「はあ？　何万本もあるAVの中から、彼女のビデオを見つけたっていうの？　そんなの奇跡でしょ」

「だけど、そうだと言っているんや」

このとき、さっちゃんが普段写真を撮られるのを異常に嫌がることを思い出した。両親に内緒で55歳の年の差婚をしたのを隠すため、あまり写真が広まってほしくないのだろうと思っていたが、そうではなく、AV出演がバレたら困るからだったのではないか。

「ドン・ファンの新妻がAVに出ているって本当ですか？」

ドン・ファンの死後数日後には早くも、知人の週刊誌記者数人から確認の電話が来たが、私は何も答えなかった。

さっちゃんはこの時点で、事件の容疑者でも何でもない。今後疑いがかかる可能性はあるが、いまはあくまで夫を亡くしたばかりの新妻だ。だからまさか、さっちゃんのAVについて記事にする雑誌はないと思っていたら、週刊新潮6月7日発売号がさっちゃんの実名で、AV出演の過去も報じたのだ。しかも顔写真も公開している。その後、彼女の出演AVの画面写真をグラビアで掲載した週刊誌もあった。こんな人権侵害が許されるのかと、さっちゃんを気の毒に思うと同時に、しかし一方で、世間ではさっちゃんを犯人だと疑う空気があることが、こうした週刊誌の姿勢からも滲《にじ》み出ていた。

社長が私に相談したかったこと

社長が亡くなる5月24日、社長が私に「相談があるんで田辺に来てくれませんか」と言ってきたのは前述した通りである。その前日にも電話があり、6月1日に社長が東京に来る予定があったので、そのときに会いましょうと私が言うと、

「それではダメなんです。田辺に来てもらわないと」

田辺でないとダメということは、多分さっちゃんに会って欲しいという意味だと気

付いていた。さっちゃんに言いにくいことを言えるのは、私しかいないと社長は知っている。

「離婚ですか？」

「まあ、会ったときにね……」

もしかすると……。社長は彼女のＡＶの件を相談したかったのではないか。私は今はそう思っている。

実はこれより1年半ほど前に、某大物女優の娘がＡＶに出演して大きな話題になったことがあった。そのときも社長から電話があった。

「可哀想だから彼女を支援してあげたいんや。電話をしても繋がらないから」

どうやら社長と彼女はもともと知り合いだったらしい。ＡＶ業界とはそれほど縁がない私だが、最新の連絡先を突き止めて社長に伝えたことがある。

そんなことがあったから、社長は私がＡＶ業界にも顔が利《き》くと思い、さっちゃんのＡＶの販売を止める相談をしたかったのではないか？

そもそも社長は、さっちゃんがＡＶに出演していることを知っていたのだろうか？

「私は絶対に社長には言ってないわよ」

お手伝いの大下さんはキッパリと言った。従業員たちも社長に告げてはいないと言っている。

「社長は知らなかったと思います。ＡＶのことを言われたこともありませんから」

後日さっちゃんに直接聴くと、彼女はそう答えた。

「誤認逮捕」

従業員への事情聴取が続いていた26日午後2時ごろ、並行してアプリコへの家宅捜索も始まった。警察の狙いは防犯ビデオが見られる3階のモニター室と、2階の金庫部屋。そしてビール瓶の捜索だった。

会社脇の倉庫の前に置いてあるビールケースに、捜査員が張り付いている。残されたビール瓶から覚醒剤反応が出るかどうか、調べているのだろうとピンと来た。この時点ではまだ記者の姿は少なく、2〜3人がうろうろとしているだけだった。

後日、私はこのとき警察が残していった押収品目リストを手に入れた。そこには〈殺人被疑事件〉での捜索とハッキリ書いてあった。そうか、やはり警察は殺害事件と認識しているんだ。

田辺署で事情聴取を受けていた従業員は早い者で3時間ほどで会社に戻ってきたが、午後5時すぎまで調べられた者もいた。夕方になって私はさっちゃんと大下さんといつものように事件の話を繰り返していた。

「ヨッシーはまるで警察みたいなんだから」

「そうですよねぇ～」

大下さんが笑うとさっちゃんもクスクスと笑った。

「私を疑わないでね。ホントにやっていないんだから。私が社長を殺しても財産が入るワケでもないし。さっちゃんには入るけど、ねぇ～」

「でも私はやってないし」

「しかし、2人が怪しいと思われているのは分かるよね」

「分かるけど、私関係ないし」

さっちゃんも時折笑顔を浮かべている。

そのとき彼女の携帯に警察から連絡がきた。

「遺体を引き取っていいと言われたんだけど……」

電話を切った彼女が私を見た。

「もう、夜になるから葬儀社もこれからだと大変だろうから、明日引き取りに行ったらどう？」

葬儀社にすぐ連絡して、遺体は翌日午前10時に警察署に引き取りにいくことになった。

「ちょっと、コレを一緒に見ましょう」

夜の9時に2人に声をかけた。NHKで誤認逮捕についてのドキュメンタリーをやっていたからだ。新聞のラ・テ欄で紹介されていた記事を読んで、この番組は2人には参考になりそうだと思っていた。

コンビニに目だし帽を被った強盗犯が押し入り、レジから現金を強奪して逃げた事件で、誤認逮捕された男性の一部始終を扱ったものだ。指紋がコンビニの自動ドアに付いていたのが証拠とされて逮捕されてしまった男性は、300日もの間、勾留《こうりゅう》されていたのである。男性の家族が、事件の数日前にそのコンビニに買い物に来ていた男性の防犯カメラの映像を見つけ、男性の手の位置が犯人の映像とは異なっていることを証明し、釈放されたのだ。

捕まった直後に接見した弁護士がアドバイスしたのは、黙秘すること。その間になんとか警察の証拠を切り崩していく作戦だった。犯罪の立証責任は警察・検察側にあるから黙秘は正当な権利である。ただ、それをするには相当強い意志が必要なのは言うまでもない。番組は男性や家族のインタビューを交えながら、時系列に沿って構成されていて、なかなか迫力があった。

「警察って怖いんですね……」

天然キャラのさっちゃんもさすがに驚いたようだった。

「私は無理、無理。おしゃべりだもん」

警察の取り調べに黙秘を貫き通したとインタビューに答える男性を見て、大下さんがケラケラと笑った。サービス精神が旺盛すぎる大下さんなら、やっていなくても「やったわよ〜」と言いだしかねない。

死に化粧

翌27日の朝10時、私が運転する車にさっちゃんが乗って、遺体を引き取りに田辺署へと向かった。

「謝らなければならないことがあります」

急に彼女が口を開いた。

「なに？　どうしたの？」

「新宿のマンションは処分したと言いましたが、まだ借りているんです。姉も住んでいません」

さっちゃんは新宿の賃貸マンションで看護師の姉と一緒に暮らしていると最初に会った昨年の11月に言っていた。ドン・ファンとの結婚を機にこのマンションは解約して、姉は横浜に引っ越したと4月末にさっちゃんが私に言ったのだ。

そのとき、さっちゃんがGWに東京に行くと言うので、訊いた。

「どこに泊まるの？」

「姉の住んでいる横浜です」

「横浜のどこよ？」

「……え〜？　横浜は詳しくないから分からないんです」

この会話が丸ごとウソだったというのだ。社長に内緒で新宿のマンションを借り続けていた？　姉と同居もウソ？　姉は札幌で看護師をしているという。突然の告白に私の頭は混乱してしまった。

2月8日に入籍してからも、さっちゃんは3月末までは仕事の整理などがあるからと田辺になかなか来なかった。彼女がやっと田辺に住み着いたのは4月初旬のことだった。自動車免許を取得するために教習所に通い始め、無事に免許を取得してGWが近づく4月27日に北海道の実家に戻ったと言っていたが、それもウソで新宿のマンションに戻っていた可能性がある。根本的なところでウソをつく彼女の言葉は、すべてを信じることはできない。その部屋で、彼女が独りで住んでいるのかどうかも、わからないと思った。

警察署の裏手にある霊安室前に、葬儀社の富山さんらが来ていた。署から出て来た男性刑事は私の顔を見て露骨に嫌そうな顔をした。私への傷害沙汰のこともあるし、マスコミの人間ということで警察には思いきり嫌われているようだ。まあ、そんなことを気にしているわけにもいかないが。

さっちゃんが、社長が眠っている霊安室から出てきた。目が潤んで涙が一筋こぼれ落ちた。

遺体を棺《ひつぎ》に移し、車に乗せて自宅へと運んだ。2階への階段は直角に曲がっているので寝室に棺桶を運び込むことは不可能なため、庭から棺桶をリビングに入れた。社長の口が大きく開いて歪んでいたのを富山さんが丁寧に直していく。ダランとしていた両手も合わせてくれた。死に化粧を施され、社長は安らかな死に顔になった。

それからお昼すぎまで、再び金庫番の佐山さんを交えて、富山さんとの相談が始まった。斎場の費用やお坊さんに支払う金なども、佐山さんがすべてチェックする。

25日に打ち合わせをした通りに、29日通夜、30日葬儀と決定した。それにともない、地元紙の紀伊民報へ死亡告知を掲載することにして、私と富山さんで文案を練った。夕刊しかない紀伊民報だが、日本新聞協会にも加盟している歴史ある新聞社だ。田辺市民に親しまれているのは、どこの飲食店に行ってもこの新聞が置いてあることからも分かる。社長も紀伊民報にちょくちょく広告を出していた。

死亡告知には亡くなった時刻を記載しなければいけないことも、このとき初めて知った。死体検案書では午後9時ごろ死亡と推定されていたが、9時0分と記すのだという。

「喪主の挨拶はどのようにしますか？」

富山さんが訊いた。

「さっちゃんがするんだろ」

「喪主って何ですか？」

のんびりした声でさっちゃんが言った。「喪主」という言葉も知らないとは。苦笑いしながら彼女に説明した。

「挨拶のひな型はありますか？」

「あります。あります」

私が訊くと富山さんはバッグから挨拶文のひな型のファイルを取り出して彼女に渡した。

「それをアレンジして喋っていただければいいです」

「分かりました」

富山さんの説明を聞きながら、さっちゃんはいろいろな挨拶文に目を通している。

午後3時すぎになって、葬儀社の富山さんと私とマコやんの3人でお寺に挨拶に行った。ここは社長の本家の菩提寺であり、住職は留守だったが奥さんが社長と本家との諍《いさか》いも承知しているということで、快く引き受けてくれた。

「セックスはしていません」

夕方になり、リビングの遺体の脇で、さっちゃんと大下さんとゆっくり話すことができた。

「ヨッシー怖いんだから。田辺署の刑事さんだってヨッシーほど怖くないよ」

大下さんが笑う。

「そうですよねえ。私の担当のI刑事なんてとっても優しいですよ。いい人です」

さっちゃんは屈託のない笑顔を浮かべる。

「アホかいな。警察はそうやって飴《あめ》と鞭《むち》を使うのが常套手段なんだよ」

「あら、そうなの？　わ〜、信じられない」

大下さんが大きな笑い声を上げた。自らが事件の当事者であることをいまだに認識していない。大下さんがお風呂場に行ったのでさっちゃんと向き合った。彼女にはどうしても訊いておきたいことがあった。

「警察から社長とのセックスについて訊かれた？」

「ええ、訊かれました」

「何と答えたの？」

「一度もセックスはしていません、と答えました」

「エエッ？」

「だって、本当ですから」

驚く私に、さっちゃんはシレッと言う。

「そんなことを言ったら、夫婦の愛情がないということで、かえって警察に疑われるよ」

「でももともと、添い寝をすればいいという条件だったから……。社長はそれだけでいいと言ってくれてたんです。優しくて一度も怒られたこともないし」

にわかには信じられない。実際、社長からは「あの女は家のことを何もしない」と彼女の悪口もたびたび聞かされていた。そもそも、セックスなしで毎月100万円のお手当を支払うような社長ではないのだ。どうしてそのようなことを警察に喋ってしまったのだろうか？　それともこれはウソではなく、真実なのか？

「毎月100万円のお手当を貰うのが決まっているのに、私が社長を殺すワケがないじゃないですか」

社長が死ねば彼女は莫大な遺産を手にするわけで、説得力はない。

私は今まで聞けなかった色々な疑問を彼女にぶつけた。

「社長が東京に行って留守の間に、大阪へ行っていたことがあるよね。あれは何をしに行ったの？」

「社長には内緒にして」と大下さんに言い残して、彼女が大阪へ向かった日があったことを私は耳にしていた。

「ああ、あれは関空近くのエステに行っていたんです」

あっさりと答える。

「あのね、誰かに頼まれて社長に栄養ドリンクを渡したり、精力剤だとしてカプセルを渡したりしたことはないのかな？」

「それは全くありません」

さっちゃんは動揺を見せることなく、表情も変えずに淡々と答える。もともと感情の起伏が表に出ないのが彼女の特徴だ。私は核心をつく質問に移った。

「キミがAVに出ていたことを社長は知っていたの？」

「いいえ、知らなかったと思います。言われたこともありませんから」

「もしかして、『AVに出ているのを社長にバラすぞ』ってさっちゃんを脅した人がいたんじゃないの？」

「それはありません」

「付き合っている男から言われたこともない？」

「そんなのいませんって」

社長の性格からして、さっちゃんがAVに出ていてそれを内緒にしていたら、「離婚する」と言い出しかねない。そうすると彼女は遺産をもらう権利もなくなる。そのことを知っている何者かがさっちゃんを脅し、彼女にドン・ファンを殺害させた——そんなシナリオも十分成り立つ。

一方で、ドン・ファンはすでにさっちゃんのAV出演を知っていた可能性もある。そのことを相談したくて、私に田辺に来てくれと言っていたのかもしれない。さっちゃんがもし、財産目当てで結婚したのだとしたら、急いでドン・ファンを殺さなければならない「動機」はあったことになる。

しかし目の前にいるのは、22歳の幼さの残る女性だ。踏み込んだ質問をしても感情が乱れることはない。この人に、本当にそんな犯罪が可能だろうか？　そもそもそれほどの悪人だろうか？　私にはまだ、真実が見えなかった。

疑惑の2人

仕事終わりのマコやんが合流し、大下さんも交えて雑談タイムになった。

「もしやったんなら自首すればいいんやから。大下さん、面会に行ってやるからさ」

マコやんの突っ込みに大下さんが苦笑する。

「だってやってないんだから。面会と言われてもねえ〜」

「差し入れもしてやるで〜。何がいい？」

マコやんの軽口に、私も乗った。

「オレも面会に行くし、差し入れもしてあげるから」

「犯人はどれくらいの罪になるのかな？」

大下さんが話を変えたので、私が冗談めかして答えた。

「大下さんは死刑。さっちゃんは懲役10年かな？」

「なんで私が死刑なのよ。さっちゃんは10年？　出てきてもまだ30半ばじゃないの。

さっちゃんお勤めに行ってきたらぁ〜。私も面会に行くし」

「嫌だぁ〜、私やってないんだから」

さっちゃんが笑う。

冗談のような会話だったが、その間、私が2人の様子を注意深くうかがっていたのは言うまでもない。犯人なら、笑ったフリをしながらも、このような話題に嫌悪感を示すのではないかと思ったからだ。だが2人の屈託のない笑顔からは、何も読み取れなかった。

2人が「疑惑の新妻」「疑惑の家政婦」として週刊誌やワイドショーで大きな話題になるのは、まだ少し先の話である。

M警部補とのやりとり

29日朝、社長の自宅に家宅捜索が入ったとの連絡がマコやんからきた。前夜から市内のホテルに泊まっていた私は、急いでドン・ファン宅に向かった。すると社長の家の前を中心にして、道路が100メートルほどの範囲で封鎖され、その両端には黄色いテープが張られて警官が立っている。立ち入り禁止区域内では、社長宅に出入りする紺色の制服を着た捜査員たちが見え、それを取材しようとする記者たちも10人くらいいる。

この日の家宅捜索の狙いは、塀の脇にある小部屋だった。そこに、自宅の外側に備え付けられている8台の防犯カメラのモニターが入っている。24時間自動で録画され、それが1ヵ月間保存される仕組みになっている。

昨年の12月に塀を新築した際に、防犯カメラも新品に取り替えた。カメラは死角なく家の周囲を写すように配置されている。

さらに、自宅の横のガレージも捜索の対象となった。ここには、17年春に結婚する予定で、嫁入り道具の家具や衣類の段ボール箱を大量に送ってきた社長の元愛人・真美さんの荷物が積まれている。

「吉田さんではないですか？」

白いシャツを着た40歳前と見られる精悍《せいかん》な刑事2人から声をかけられた。名刺を交換して世間話が始まった。警部補と巡査部長だった。一人の持っていた黒いカバンからは『紀州のドン・ファン』パート1が顔をのぞかせていた。2人とも田辺署ではなく、県警本部から来ていることが分かった。

「県警本部には全く動きがありません。どうやら田辺署マターの案件のようですね」

前日にサツ回りの地元の新聞記者からそう聞いていた。

「まさか、そんなことはないよ。これだけの事件だから当然県警は本腰を入れているはずだって」

長い取材経験から、所轄署単体でやるワケがないことは予想がついたが、やはり県警が動いていたのだ。目の前にいるM警部補が直接の担当のようだった。

「それを読めば社長の生い立ちとか性格がよく分かりますよ」

本を指さした。

「まだ、半分しか読んでないんです」

「3日前にわざわざ真夜中に家宅捜索したばかりなのに、今回もまたものものしいですね」

「いろいろと調べなければなりませんのでね」

「もしかして、犯人の目星がついてるんじゃないですか?」

「いやいや、そんなことはありません」

口調が自信に溢《あふ》れているようにも感じられる。

「もしかして、大下さんを疑っているんじゃないですか?」

軽くジャブをかました。

「どうしてですか?」

苦笑するM警部補の目は笑っていない。

「だって、供述がコロコロ変わるでしょ？」

「はあ？」

とぼけているが、図星であることが表情から読み取れた。

「覚醒剤で捕まった人間が大下さんの周囲にはいますからねえ。彼女をマークするのは当たり前じゃないんですか？」

「…………」

M警部補は黙っている。

「あのねぇ、大下さんは社長から『あんた認知症が入ってるんやないか？　頭がボケてんのとちゃうか』ってイジられていたんですよ」

「本当ですか？」

「そんなことも知らないで、軽はずみな捜査をしたら大変なことになりますよ」

「吉田さん、いろいろ事情をお伺いしたいのでご協力願えませんか」

「もちろんです。社長を殺した犯人を挙げることは、私の望むところですから。だけど僕から情報を引っ張るだけでなく、そちらの手の内も教えてくれませんか？」

「まあ、そうしたいんですけどねえ〜」

教える気持ちなどさらさらないことは分かっている。

「ところで新宿にはいつ行かれますか？」

M警部補に訊いた。

「新宿？　何ですかそれ」

「とぼけるのが上手いなあ」

笑いながら彼らの顔を覗き込んだ。

「何のことかわかりません」

「ほお〜。社長が亡くなって3日も4日も経っているのに、新宿のことすら知らないふりをするあなたたちには、とても協力はできませんねえ……」

お互い顔は笑っているが、腹の探り合いだった。新宿のさっちゃんのマンションは当然捜査の対象であり、警察が知らないはずはない。

お昼を過ぎても家宅捜索は一向に終わらなかった。午後4時には出棺して斎場へ向かわなければならず、その時刻が迫っていた。

私の喪服は社長宅の玄関脇のクローゼットに置いてあったが、それを取るために家に入ることも禁止されていた。

4時を過ぎ、葬儀社の車がきても捜査は続いた。

「いい加減にして下さいよ。朝8時から入って何時間経ったと思っているんですか？　これだったら深夜に家宅捜索をする必要はなかったんじゃないですか？　せめて喪服だけでも取らせて下さい」

深夜の家宅捜索のときにもいた警部に食ってかかった。私のあまりの剣幕に警部は了承し、私は玄関脇のクローゼットから喪服を取り出して外にでた。喪服を取るのにわずか30秒もかからないのに、嫌がらせのように拒否され続けたのは本当に腹が立った。

通夜と葬儀

しとしとと小雨が降りだした中、斎場での通夜が始まった。横浜から社長の妹さんが駆けつけたので、さっちゃんや大下さんのところに私が連れて行った。さっちゃんと妹さんは、前年の12月に会っているので顔なじみだ。そのときに私も同席した。さっちゃんはドン・ファンの親族に積極的に挨拶をするタイプではないので、社長の兄夫婦にも私が彼女を紹介した。

通夜の前に、マスコミに斎場の写真を撮影させる、と事前に決めていたが、「やっぱり面倒くさい」という理由で佐山さんが急に却下した。10人ほどのマスコミの記者・カメラマンが斎場の外で見守っている。

これから先、何が起きるかわからないので、いまの段階ではマスコミを敵に回すのではなく、適度に取材協力をしてガス抜きをしたほうがいいと私は思っていたし、佐山さんたちからも一度は了承を得ていたので、残念だった。

取材は禁止と告げていたが、共同通信の若い男性記者が式場の椅子に腰かけていることが分かった。

「出ていってもらって……」

佐山さんはそう言ったが、マコやんがとりなして席で見ることはいいよと許可を出した。どんどん増えてくるマスコミに、従業員の皆がピリピリしている。私は取材する側として何度もこのような場は経験しているが、今回は取材される側にもなっているので立ち位置が難しい。

通夜に来たのは50人ほどで、田辺は田舎とはいえ、その少なさに驚いた。あらためて、ドン・ファンは面白い人ではあったが、皆に愛されるタイプの人物ではなかったことがわかる。

通夜は1時間ほどで終わり、関係者は斎場の3階で通夜ぶるまいの会食をした。15人ほどがその部屋で顔を合わせた。社長の棺も運ばれてきてその上に遺影が飾られている。

「皆さん、兄を支えて下さってありがとうございます」

妹さんが向かい側に腰かけている若い従業員たちに頭を下げた。一人ずつ自己紹介をしてもらうと、彼らの口から社長の思い出話が次々と出た。

「あんた、いろいろありがとうなあ。よくやってくれたよ〜」

「そうやで〜、大変やったろうに」

社長の実兄のTさん夫婦が、私に向かってわざわざ頭を下げた。

「社長にはお世話になっていましたから、当然のことです」

社長よりも恰幅のよいTさんは、遺体が検死から戻る前から何度もドン・ファンの自宅を訪れて、

「いつ帰ってくるんや」

と、気を揉んでいたのだ。この通夜の時点では、彼ら親族は社長がポックリ死んだものと信じており、事件であることはまだ知らなかった。

葬儀の後、社長の死因が覚醒剤によるものだということが報道されてから、通夜に参列した知人が私に電話をかけてきた。

「アレは本当なんですか？　自分はちっとも知らなかった」

「ええ、どうやら事件のようですね。自殺ではないかと報じているマスコミもありますけど」

「自殺はありえないですよね。6月11日のイブちゃんの告別式にも出席するよう、電話をもらっていましたから。張り切っていましたもん。だけど私は事件だと思っていなかった。これは大変なことになりますね」

第四章　新妻との出会いと結婚

初めて田辺に来たさっちゃん

「彼女がねえ、こっちに来ることになったから……」

２０１７年の11月某日、社長から電話でこう告げられた。この頃、週刊現代がドン・ファンの密着記事をグラビアでやりたいと言っていて、社長はそれを渋っていたのだが、さっちゃんが初めて田辺に来るとなって気が変わったようだ。密着取材のオーケーが出た。

翌日、彼女を南紀白浜空港に迎えに行った社長が自宅に帰ってくるところから取材はスタートした。午後1時すぎ、マコやんが運転するベンツが戻ってきて、ベンツから降りて来たのがさっちゃんだった。黒いロングコートにピンヒール。長い黒髪は軽くカールしている。化粧はバッチリで、銀座か北新地の高級クラブのホステスと言われても違和感はない。手には白いシャネルのバッグを持っている。背伸びをしたい年頃とはいえ、21歳にしては少し背伸びしすぎじゃないかと私は思った。もともと、背伸びしなくても優に社長の身長を超えている。身長１６７センチの彼女がピンヒールを履くと、１６０センチの社長と20センチぐらいの差ができる。

「ちょっと待って下さいね」

塀の脇でイブちゃんを連れた2人の写真を何枚か撮り、そして自宅の庭でも同じようにツーショットを撮った。社長の死後、雑誌やワイドショーでお馴染みになったツーショットは、このときの写真だ。全て私の撮影だが、許可なく使用されているケースも少なくない。

リビングのテーブルの上には白浜の高級店で作らせた寿司が載っていた。

数日後には、午前3時過ぎから会社で仕事をする社長の密着取材をした。真っ暗な空に白いものがチラチラと舞っている。南紀は温暖な気候だが、たまに雪が舞うこともあるし、17年の1月には10センチ以上も積もって何十年ぶりの出来事に出くわしたこともあった。

「よいしょ」

社長は会社前に置いてある自動販売機のお金の回収をしている。これが毎朝の日課なのだ。回収したお金は茶色い細長いプラスチック製の容器に無造作に入れていく。それを社長室で数えてノートに記帳する。

「今日はちょっと少なかったなあ～」

いつもは十数台の自動販売機から合計で4万円ほどを回収するらしいが、この朝は3万5000円ほどだった。従業員がまだ誰も出社していない会社でトイレの掃除をする様子も写真に収めた。社長室で帳簿に目を通し、一段落すると私の横に腰かけた。

「どうですか？　この前の彼女は？」

さっちゃんのことを訊いてきた。

「21歳でモデルだと自称しているけど、少しミーハー過ぎませんかね」

ブランドのバッグや10センチ近くもあるピンヒールを見ていたので、ちょっと派手すぎるんじゃないかと感じていた。

「そうですか……」

社長は少々落胆したようだった。

「背が高いコが好きなのでねえ」

「だったらバレーボールやバスケの選手を狙ったほうがいいですよ。１８０以上の娘《コ》がゴロゴロいますから」

社長の好みが高身長であることは知っているので、いつも茶化していた。

私はドン・ファンに彼女の東京の住所を聞き、それを確認してから言った。

「遊ぶだけならいいですけど、付き合うならちゃんと身元を調べたほうがいいですよ。彼女が暮らしているその地域は水商売の女の子が多く住んでいるし、ヤクザの事務所もありますから」

「ほう……」

私は会社のパソコンを立ち上げ、グーグルマップでさっちゃんが住んでいる新宿区内のマンションを検索してあげた。

「ここです。大方、男と同棲でもしているんじゃないですか？」

「いや、看護師のお姉さんと一緒に住んでいるというからそれはないですよ」

「本当かなあ？　調べてみましょうか？」

「いや〜、考えておきます」

社長は言葉を濁した。

六本木の夜

「あのね、今晩ホテルに来ていただけませんか？」

12月19日、田辺から帰ってきて10日ほど経っての電話だった。

「今晩ですか？」

「空いておりませんか？」

社長からの誘いは急なことが多い。

「では仕事を途中抜けて行きましょう」

社長がいつも行くのは、東京・六本木のリッツ・カールトンホテルの最上階にある、VIP客しか立ち入れないラウンジだ。VIP客の知人でもフロアに上がることは可能で、飲み放題食べ放題になっている。そのフロアに行くには特別なカードキーが必要で、それがないとエレベーターも上がらない。

社長の脇でさっちゃんが微笑んでいた。すると見慣れた顔が現れた。

「あら、お久しぶりですねえ」

「あ、どうも。お久しぶりです」

社長の妹さんが杖をつきながらやってきた。登山が趣味で、趣味では済まないような険しい山を登っているときに滑落して足を骨折したという。横浜で一人暮らしの妹さんとは約1年ぶりの再会だった。社長と同じく小柄だが、社長と違って上品で大人しい方だ。旦那さんを先に亡くし、一人娘は独り立ちしたので趣味の登山にハマっているという。

「私たちと一緒のものでいいかな？」

「ちょっと待ってください」

女性係員に社長が注文しようとしたのを遮った。社長はいつものようにビールのグラスを手にしている。

「まだ仕事もありますから申し訳ないけど何も要りません」

「そんなことを言わずに何か頼みなさいよ」

社長は何度も勧めてくれたが頑《がん》として断った。窓からは富士山がオレンジ色の雲を従えて泰然と黒いシルエットで顔を見せている。

「わあ〜、きれいなものねぇ」

幼子のように妹さんが感嘆の声を上げげた。社長のきょうだいは社長を含めて6人(正確には7人だが、一人は幼い時に夭折している)いるが、妹さん以外とは仲が悪い。妹さんも兄である社長のことを慕っているようだ。

「これは美味しいですねえ。こんな美味しいものをご馳走になって悪いわね」

妹さんは素直でまじめな方なので、私も好感を持って接していた。

「記念写真を撮りましょうよ」

3人が微笑んでいる姿を写真に収めた。この写真が『紀州のドン・ファン　野望篇』の表紙を飾っている。妹さんの部分はトリミングして消し、さっちゃんの顔にはボカシを入れている。

「キミはどこの出身なの？」

「札幌で〜す」

田辺では挨拶程度しか話さなかったので、彼女とこうして親しく言葉を交わすのは初めてのことだった。

「な〜んだ、一緒じゃないか。ボクは南高校出身だから」

「へえ、凄い。進学校じゃないですか」

「へへ、ウソをつきました。ボクは社長と一緒で中卒ですから」

これでさっちゃんが札幌出身であることは、まず間違いないことが分かった。私は初対面のとき、このような質問をして相手が本当のことを言っているのか確かめることがある。

「狸小路《たぬきこうじ》におじさんがホテルを持っているんだよ」

「狸小路にホテルなんてありましたっけ？」

「あるんだよ。小さなホテルだけどね」

これは本当のことだ。観光客があまり足を運ばない狸小路を知っているということは、やはり彼女が札幌出身であることに間違いはないようだ。

妹さんの思い

ドン・ファンから東京の住所を聞いていたが、知らないフリをして質問した。

「で、今は新宿で暮らしているんだって？」

「そうで～す。姉と一緒に暮らしているんです」

「どの辺だっけ？」

「抜弁天《ぬけべんてん》の辺りです」

新宿区内の山手線の内側にある地名だ。

「あのね、お姉さんは看護師で、さちさんはモデルさんというワケや」

社長が会話に割り込んできた。彼は亡くなるまでさっちゃんのことをちゃん付けせず、さん付けで呼んでいた。

「あの女」

そう呼ぶときは愚痴を言うときだった。

看護師がどのくらい給料を貰うのか分からないが、新宿区内のど真ん中のマンションに姉妹2人で暮らすことはできるのだろうか？　それにあの辺りは新宿の歌舞伎町からもそう遠くなく、水商売の女性たちが多く住んでいることは、ドン・ファンにも言った通りだ。

「モデルさんなの？」

妹さんが訊いた。

「ええ、中国の会社に登録していて、ファッションショーなどで中国や中東に行っているんです」

「凄いわね〜」

話は弾んでいたが、社長はいつものように「じゃあ、戻るから」と言って勝手に部屋に戻っていった。

社長がいなくなると、妹さんはさっちゃんに向き合い、顔を見つめて言った。

「あなたは兄を幸せにしてくれますか？」

突然の質問に、さっちゃんは面食らった様子だった。

「………」

どう答えていいか分からず、微笑んでいる。

「まだまだ社長のことが分からないので……」

しばらくして、言葉を選びながらやっと答えた。

「そりゃあそうよねえ。まだ21歳でしたっけ」

さっちゃんがこくりと頷いた。

「兄が幸せになるなら、きょうだいは遺産云々《うんぬん》に口出ししませんから心配しないでね」

「遺産？」

彼女は首を傾《かし》げている。

「社長もトシだからねえ。でもあと何十年かは生きると思うけど」

私の言葉に妹さんも笑って頷いた。

「親身に面倒を見て下さる方が欲しいのよ。あなたがそうしてくれれば助かるけど。ワガママな兄だけど、考えてもらえないかしら」

3人で話している最中にも、社長からの着信がさっちゃんの携帯に何度も届いた。社長の「結婚したいしたい病」はいつものことなので、このときはさほど気にも留めていなかった。

大阪の愛人

「さちさんがね、別れるって言うんですよ。なんとかなりませんかねえ」

2018年に年が改まってそう日が経っていないころ、社長から電話がきた。どうやら彼女と上手くいっていないらしい。

「もしもし……」

仕方なく私から電話をかけると、眠ったような抑揚のない彼女の声が戻ってきた。

「オレだけど。社長と喧嘩したの？」

「……そんなことないですよ」

十分に機嫌の悪い声だが、反応が「そんなことない」なので少し安心した。

「キミから別れるって言ったんじゃないの？」

「言ってませんよ」

それを聞いて社長に報告をした。

「そうですか、そうですか。ありがとうねえ」

社長が喜んでいる顔が目に浮かんだ。

この頃、週刊現代に社長のグラビアが掲載され、それを見た旧知のテレビディレクターのスーさんから連絡がきた。

「今度アベマTVで『リアルカイジGP』という企画の番組を作る予定なんですが、吉田さんに協力してもらえないかと思いまして」

四谷の喫茶店で相談に乗ることにした。彼は以前、ドン・ファンの撮影をしてテレビでも放送した経験があるので、社長の気難しいところも知っている。それで私に頼み込んできたのだ。

「参加者がいろいろなゲームをして、1番になれば賞金1億円を獲得できる企画なんです」

「へえ〜、面白そうじゃないの」

「それで、お金持ちの代表としてドン・ファンに出てもらえないかと。『1億円は紙くずみたいなもんや』と豪語した方ですし、『金を稼ぐのはいい女と寝るため』ともおっしゃっているので、適材なんです」

「それで？」

「愛人と会っているところを撮影したいのと、インタビューをお願いできないかな、と」

「あの通りお天気屋ですからねえ」

「ええ、だから相談しているんですよ。なんとかお願いします」

渋る社長を説得して、1月末にようやく田辺で撮影することができた。そのときに偶然、さっちゃんが田辺に来ていた。

「撮影はダメです」

さっちゃんはスーさんが向けたカメラにかなり怒って、東京へ戻って行ったのが印象的だった。

相変わらず大下さんが家政婦として住み込みで働いている。そこに現れたのが社長の愛人だった。松嶋菜々子に似ているのでここでは菜々ちゃんとしておこう。大阪で暮らしている彼女の正体は不明。たとえ訊いたとしても、本当のことを喋るとは思えない。10年近くも社長と付き合いがあるというが、大ゲンカをして疎遠になったことも何度かあるという。

菜々ちゃんは社長をおだてるのが上手で、細かいところまで気が付く優しい女性だ。リビングで社長のインタビューが始まった。お金を稼ぐのは並大抵のことではないなどと喋りだした。

——愛人がたくさんいるようですが、ナイスボディの美女と性格の良い美女のどちらを選びますか？

スーさんのナイスな質問だった。首を傾げた社長はしばらく考えてから口を開いた。

「そりゃあ、ナイスボディのほうですねえ」

社長らしさがくっきりと浮かび上がる答えに、リビング中に大きな笑いが響いた。

突然の結婚

2月8日の昼、田辺に行き会社に顔を出した。『紀州のドン・ファン　野望篇』の原稿打ち合わせのためだった。

「社長、入籍したんやって！」

私の顔を見てマコやんが素っ頓狂な声を出した。

「いつ？　誰と？」

「今朝やって。さっちゃんと市役所に行って婚姻届を出したって」

「はあ？　マコやん知っていたの？」

「なんも知らんて。さっちゃんはもう東京に戻ってしもうたで」

寝ているかもしれないと思いつつ、一応社長の携帯に連絡を入れた。

「聞きましたよ。電光石火の入籍をしたんですね」

「ありがとうねえ。さちさんとこれから暮らすことになりました。よろしくお願い申しあげます」

「社長、55歳も年の差があるんですよ。あの加藤茶の歳の差婚を超えましたよ。日本一の年の差婚ではないですか？」

「あっ、そうですか。グフフフ」

「社長、上機嫌だった」

電話を切って言うと、佐山さんもゲラゲラと声を上げた。

「それにしてもすごいねえ」

「まあ、社長が望んでいるならいいんじゃない。そうとしか言えないよ」

翌日の夜に社長とマコやんと食事をしながら、野望篇の打ち合わせをした。紀伊民報には結婚おめでとうという告知欄があるが、そこに朝日ヶ丘という住所と野崎幸助・さっちゃんの名前が記されている新聞を見せられた。

「こんな住所とかの個人情報を載せていいんですか？」

「いや、希望しないカップルは掲載されないけど、私が希望したんで載ったんです」

「さっちゃんは？」

「あいつは知らんのとちゃうかな」

後で知ったが、やはり彼女はそのことを知らなかった。事前に知っていたら、きっと猛反対していただろう。

野望篇に、さっちゃんとの結婚のことも書かなければならない。実際は、そんなに親しくない人物の紹介で知り合ったのだが、社長はそう書きたくないらしい。

「得体の知れない人の紹介だと恰好悪いからなあ」

珍しく社長が考えて、彼女との出会いとプロポーズの言葉のアイデアを出してくれたので、私はそれでいくことにした。本に書いてある通り、羽田空港でワザと転んだ社長を助けたのがさっちゃんで、一目ぼれをした社長が強引にアタックしまくったというストーリーにしたのだ。

「彼女はいつ、田辺に戻って来るんですか？」

「いろいろとやり残した仕事があるからって。なんでも外国にも行かなアカンって言うてたな。3月半ばぐらいには来るだろうから、結婚式を挙げようと思っているんですよ」

「披露宴も？」

「いや、式だけでいいんや」

「社長、少子化の時代ですから頑張って下さいよ」

「はいはい」

その後、東京に戻った私に社長からいつもの早朝電話がきた。

「あのね、3月24日に闘雞《とうけい》神社で式を挙げることにしましたから。来てくれますよね」

「分かりました」

ところが、それからぱったり電話が来なくなった。

「社長から電話がなくなってね。調子が悪いの？」

マコやんに連絡を取った。

「結婚式はダメだってさっちゃんに言われたみたいでね。結婚式を挙げるなら離婚するって」

「はあ？」

「とにかく人前に出たくないんやて。社長はさっちゃんを人前で披露したいんや。こりゃあ水と油やな」

親に内緒で入籍をしたのだろうから、バレたら大変だから派手なことはしたくないと思っている。私はそのように想像していたのだが、そこにAVの件も重なっていたのだろう。

さっちゃんは田辺になかなか戻ってこなかった。

「あいつはダメや。あんな女とは別れるから」

毎朝社長の愚痴を聞くようになったのは、この頃からのことである。

「別れる気もないくせに」

「いや、ホンマやって」

「またまたぁ～。ケンカするほど仲がいいって言いますよ」

4月13日、社長は関空から飛んできて聖路加国際病院で午前中診察を受けた。昼に私は六本木のホテルで社長と会った。

「社長、誕生日おめでとうございます」

「ありがとうね」

「さっちゃんからプレゼントを貰いましたか？」

「なんもや～。オレが出て行くときも寝くさって」

聖路加に行くときは、午前4時にマコやんが運転するベンツで田辺を出て高速道路で関空に行くのがいつものパターンだ。南紀白浜空港の早朝便では間に合わないから、関空を使う。その社長を、さっちゃんは寝ていて見送らなかったのだという。

六本木のリッツ・カールトンホテルのレストランで誕生日を祝い、刷り上がったばかりの『紀州のドン・ファン　野望篇』の表紙を渡した。

「今日はポーランドの娘《コ》が来るんや」

午後3時ごろにホテルを後にしようとすると、社長がニヤリとした。

「あらあら、新婚さんなのに。社長それは浮気ですよ。もう浮気をするつもりですか？　さっちゃんにチクってもいいですか」

「ああ、ええよ」

堂々と言うので感心してしまった。

慰謝料2億円

4月24日に大阪で仕事を終えた私は、久しぶりに田辺へ行くことにした。ネットニュースを扱う現代ビジネス編集部から、ドン・ファンの新婚生活をレポートしてほしいと依頼されたからである。

55歳年下との結婚生活はどのようなものなのか？　少し長くなるが、5月4日にネットで配信された原稿をノーカットで再録しよう。

*

「やっぱりケンさんは恰好エエねぇ〜」

「ケンさん？　誰、それ？」

「高倉健さんだよ。まさか、知らないの？」

「知らな〜い」

テレビに健さんが映っているのに彼女はお口ポカンであります。

「もしかして緒方拳も知らない？」

「知らないって。タムケンなら知ってるよ」

「タムケン？ はて……」

この2月に55歳年下で22歳のさっちゃんと結婚した私の新婚生活は冒頭のようにジェネレーション・ギャップの連続で頓珍漢《とんちんかん》な毎日です。

「社長、お久しぶりです。新婚生活はいかがですか？」

4月下旬に東京からライターのヨッシーが飛んできてくれました。

「今回はどんな用事ですか？」

「なんたって日本一の歳の差婚ですから実態を誰もが知りたいじゃないですか。それでドン・ファンの喜寿と第2弾出版のお祝いを兼ねて、新婚生活を覗きたいと思いましてね」

「覗きですか。ヨッシーにそんな趣味があるとは……」

苦笑するしかありません。どうやら新婚生活を冷やかしにきたらしいのです。

お蔭さまで16年12月に出版した『紀州のドン・ファン 美女4000人に30億円を貢いだ男』は思わぬベストセラーとなりました。

「30億円を貢いだ男」では私の生い立ちから始まって、コンドームの訪問販売などで資産を形成していった経緯について述べさせていただきました。それが思わぬヒットとなったためにヨッシーは第2弾を計画してくれたのです。

昨年の17年2月に田辺の自宅に強盗が入った晩にもヨッシーは自宅近くの居酒屋でウチの番頭のマコやんと酒を吞んでいたという浅からぬ関係といいましょうか、切っても切れない関係なのです。

そして、この4月19日に第2弾『紀州のドン・ファン野望篇　私が「生涯現役」でいられる理由』が出版されました。今度の本では私がお付き合いをしたべっぴんさんとの関係や、体験した風俗について書かせていただいておりますので、お手に取っていただければ幸いです。

4月13日に私は喜寿を迎えることができました。

「社長おめでとうございます」

私が経営する酒類販売会社アプリコの従業員一同が、お金を出し合って胡蝶蘭をプレゼントしてくれました。取引のある業者さんからも胡蝶蘭が届きまして、社長室はまるで高級クラブの開店祝いのような華やかな雰囲気になっております。私の若いカミさんのさっちゃんが座れば、銀座や北新地みたいになりそうですが、従業員の厳しい目がありますので、さすがにそれは諦めました。

ダブルセブンの77歳ですが、気持ちは10代、20代でピタリと止まっていて毎日助平なことばかり考えている助平ジジイであります。

今年の2月8日に55歳年下のさっちゃんと電撃入籍しゴールインをしたことは、現代ビジネスで前回書かせていただきました。

「そろそろ彼女と別れるのかな？ と思っているんですが」

「はあ？」

「あのね、ドン・ファンの離婚をする日がボクの周囲では賭けになっていて、ボクは精々持って3ヵ月、と断言しているんです。そろそろ3ヵ月ですから様子うかがいも兼ねて来たというわけです」

失礼なことをサラリと言うのがヨッシーの強みであります。

「そうでしたか……。日頃お世話になっていますから、ではヨッシーを勝たせるために離婚をしましょうか」

とはならないのは当たり前のことであります。

「読者のみなさんも大いに期待していることは承知しておりますが、期待を裏切ってしまってごめんなさいね」

頭を搔《か》きながら舌を出します。

「いらっしゃいませ〜。ヨッシーもお元気そうで」

自宅でさっちゃんが我々を迎えてくれました。

「さっちゃん、ますます色っぽくなっちゃって」

結婚する前からヨッシーはさっちゃんと面識がありまして、我々の仲をフォローしてくれていたのです。ヨイショのヨッシーといわれているだけあって、彼女を褒めまくります。

「実は昨日、彼女が運転免許の試験に合格したので、2人で白浜の高級ホテルで祝杯を上げたんですよ。一発合格ですからすごいものでしょ」

「へえ？　一発ですか……」

ヨッシーは一発に力を込めてニヤリとしています。私が日に3発抜いているのを知ってゲスな想像をしているのでしょう。はいはい、毎晩彼女に手取り足取り教えておりました。って言えば満足ですか？

彼女は4月になってから田辺の自動車教習所に通いつめて20日間で見事合格しました。

「一度も実技の試験に落ちませんでした。昨日も白浜の高級ホテルで祝杯を上げにいくのに私が運転していったんですよ。これからはね、私が社長のベンツの運転をするんです」

「え〜？ それって無謀でしょうに。若葉マーク付きの高級ベンツですか？ 中古から始めたほうがいいですよ」

ヨッシーが諫《いさ》めます。

「大丈夫、大丈夫」

お嬢様は聞く耳がないのです。逆らえないので昨年秋に買い換えた優に1000万円を超えるベンツの運転を任すことにしました。本当は会社の2トントラックを運転してもらって家業の酒類販売の配達をさせたいのですが、そんなこと怖くて言えない小心者の私です。

「25歳以下の自動車保険に入りましたから」

彼女が満足そうな顔をしているのを見ているだけで幸せなのです。

「ところでドン・ファンの誕生日には何をプレゼントしてあげたの？」

「何もあげませんでした。丁度社長は東京に行っていたので『おめでとう』の電話だけです」

「へッ？　それは寂しいじゃないですか」

「そんなんじゃないです。私の2月の誕生日に何もプレゼントしてくれなかったのでお返しですよ」

笑顔ですが、彼女の目が笑っていないので、肝《きも》を冷やしました。若いとはいえやはりカミさんというのは怖いものです。

ジェネレーション・ギャップ

「社長と生活していて驚くことは？」

ヨッシーの歓迎会を近所の料亭で催すと質問責めが始まりました。

「会話が噛み合いませんからねえ」

やはり歯は大事だと心のなかで苦笑します。

「さっちゃんは吉永小百合も知らないから……」

私がぼやきました。

「石川さゆりは知っていますよ」

「………」

ヨッシーが絶句しています。

「さっちゃんが子供のころに人気があったアイドルは誰だったの？」

「小学生時代にはカトゥーンでしたね。赤西クンとか亀梨クンとか……」

「へえ、そうなんだ。恰好良かったからなぁ〜」

ヨッシーとさっちゃんの会話に入っていけませんが、これもまた楽しいものだと自分に言い聞かせる毎日です。

「社長はアナログ人間ですからねえ。スマホを持っているのにほとんど使わないでガラ携《けい》ばっかりで困っているんです」

「ドン・ファンが穴ログなのは当たり前でしょ。穴が好きなんだから」

ビールジョッキを手にしたヨッシーは一人でウケています。

「それは知っているけど、私が外国でモデルの仕事をしているときにも電話がかかってきて大変だったんですよ。私に電話料金が加算されるから。ＬＩＮＥをして欲しいのに面倒だからとやってくれないんです。ＬＩＮＥだとタダなのに……」

「ラインってダンスのことしか思い浮かびませんからねえ」

「…………」

ボケが滑ってしまいました。反省です。

「さっちゃん、弁慶は知っている？」

優しいヨッシーが話題を変えてくれました。弁慶は田辺出身の伝説の人ですから常識であります。ところが、

「弁慶？　ここでしたっけ？」

彼女が指さしたのは脛《すね》でありました。たしかに脛は弁慶の泣きどころですが、弁慶とは脛の別名だと思いこんでいたという天然さんであることが明らかになりました。

「え〜？　弁慶って人の名前だったんですか？　知らなかった」

場を和《なご》やかにしてくれるお嬢様です。

「さっちゃんは新婚さんなのに不満ばっかりなの？」

ヨッシーが訊きます。

「そうでもないですよ。社長は私の好きなケーキを買ってきてくれますし。優しいんです」

「へえ〜、そうですか。じゃあ離婚の心配はない……」

「いえ、それはいつも考えています。社長も考えているんですよ」

「何？　離婚の相談もしている？　そうなんですかぁ〜」

ヨッシーの表情が明るくなりました。分かり易いヤツであります。

「前の奥さんは2億円取ったんでしょ」

さっちゃんはそのくらいは貰うからね、という表情です。バツ2の私ですが、離婚では相当痛い目にあっています。一体誰が吹き込んだのでしょうか？

「いやいや、離婚訴訟の裁判では精々350万円ですよ」

火消しをしなければなりません。

「あのね、全国の愛人から社長の携帯にメールが来るんです。それを私に見せるんですから呆れますよ」

「社長、それはイカンガーですよ」

ヨッシー得意のダジャレです。

「何事も包み隠さないのが私の性格ですから……」

私のガラ携に入っている愛人からのメールをさっちゃんはヨッシーに突き出しました。そこには「アホ、バカ、死ね」などと罵詈雑言が書かれています。そうそう、最大の侮辱の「短小包茎」も書かれていました。

「ムカつくでしょ」

さっちゃんが嫉妬しているのを見るのも楽しいものです。

「田辺では何をして暮らすつもりなの？」

「ゴルフを覚えようと思っているんです」

「そうですか。じゃあ、ボクが大きな白いスカーフをプレゼントしますから。それを被ってカートを引っ張って歩いたらいかがですか」

「それって、キャディーさんじゃないんですか？」

「あれ？　そうじゃないの？」

ふざけたヤツであります。

「社長にゴルフ場を買ってって、おねだりしているんです。ねえ〜」

底なし沼の欲張りさっちゃんであります。昨晩も沼を散歩したことを思い出しました。

「結婚前には何でもしてくれるって言ったじゃないの！　モルジブの島も買ってくれるって。忘れたの？」

おっと欲望の炎に点火してしまったようです。

「まあまあ、そのうちに買いましょうかねえ」

新婚３ヵ月。まずは無事に過ごしまして、さっちゃんは実家のある札幌に飛んでいきました。鬼の居ぬ間の洗濯をするのは当然でありまして、私は東京に行って鼻の下をビロ〜ンと伸ばす予定であります。

社長がみずから書いた形で出した記事だが、私が精々持って3ヵ月、と言っているところなど、読み返すと切なくなる。社長は結婚して3ヵ月ちょっとで、離婚するどころか命を落としてしまった。さらに、さっちゃんが「慰謝料2億円」と自分から口にしているのも、ひっかかる。彼女が手にする遺産の額は、慰謝料とは比べものにならないほど高額である。

＊

4月27日の早朝、社長は聖路加国際病院の診察を受けるためにまた関空から東京に飛んでいった。もちろんマコやんが送っていったのだ。ところが、9時過ぎに今度はさっちゃんが南紀白浜空港から東京に飛んでいくと聞いて驚いた。横浜にいる姉のところに寄ってから、札幌の実家に帰省するという。

マコやんが運転する車で愛犬イブを乗せて白浜空港の見送りに同行した。自宅から空港まで10キロちょっとで20分もかからない。空港に慣れているイブは嬉しそうに走り回っている。

「なぜ社長と一緒に東京に行かなかったの？」

「朝が早いから」

彼女がシレッと言った。なんとも理解不能に思えたが、まあ、社長も東京で羽を伸ばそうと密かに思っているのだから、似たもの夫婦ということかと、そのときは納得していた。

このGW、彼女が横浜の姉のところに寄ったという言葉が真っ赤なウソであったことを、私は社長の死後に知るのである。

第五章　悲劇の序章

愛犬イブの死

２０１８年５月７日の午前４時、ドン・ファンから電話があった。いつもはドン・ファンの電話攻勢から逃れるため就寝時には電源を切っているが、この日は仕事の最中だったのですぐに電話に出た。

「おはようございます。あのね、イブちゃん死んじゃった……」

声が沈んでいる。ミニチュアダックスフントのイブちゃんは16歳の雌犬。バツ２のドン・ファンにとっては一緒に暮らす娘か妻のような存在だった。

人見知りをせず、吠えることもほとんどないので、とても番犬にはならない。社長がクリスマスイブに前妻にプレゼントしたことでイブと名付けられ、同時にもう一匹も購入してモエと名付けられていたが、こちらは３年ほどで死んでしまった。

目に入れても痛くない――社長のイブに対する態度はこれに尽きた。イブには外国製のペットフードを与えていたので、毎月の食費が７万円もかかっていた。甘やかして育てていたので躾《しつけ》は全くなされておらず、家の中のどこでも糞とおしっこをし放題だった。そのためドン・ファンの寝室はいつもイブの糞尿の匂いが漂っていたが、本人はそんなこともまるで気にならないようだった。

会社で従業員たちの机を走り回るのも日常茶飯事で、社長の手前無下《むげ》に怒れず、従業員たちは困り切っていたのが実情である。

「イブが亡くなったら、お墓は一緒にして下さい。私が亡くなったら遺産は全部イブちゃんにあげます。きょうだいにはやりませんから」

これが社長の口癖だった。

前日の夜からイブちゃんの様子がおかしいので、午前2時に大下さんが運転する車にドン・ファンとさっちゃんが乗って、大阪市内の大学付属の獣医科病院へ運んだが亡くなったという。

「老衰ですかね。がっかりしていると思いますが気を確かにね……」

「分かりました。今日は東京の病院で検査があるから行きます。帰りに一緒に田辺に行ってくれませんか？　イブの葬儀をしますから」

8日の早朝に東京駅で待ち合わせて、新幹線で新大阪に行くことにした。すると、初めて見る背の高いボーイッシュなべっぴんさんが秘書のように社長の脇にいる。黒いシックなパンツルックで、社長のバッグを持っている。

「初めまして。よろしくお願いします」

愛想よくお辞儀をして、社長のバッグを私に手渡した。

あれは4月中旬頃のことだったと思う。いつもの早朝電話が鳴った。

「アレとは離婚して、ミス・ワールドと結婚するんやで」

ドン・ファンが嬉しそうに私に呟いた。

「ミス・ワールド？　そんな気もないくせに」

そっけなく答えると、ドン・ファンがムキになった。彼と上手く付き合うには彼の言葉を真《ま》に受けないのもいい方法なのだ。

「いや、本当だよ」

「何ですか？　ミス・ワールドって？」

少し関心を見せると嬉しそうに喋りだした。

「以前ミス・ワールドになったんや。背が高くてねえ……。ウフフフフ」

ドン・ファンがミス・ワールドとかに夢中になっていることは毎朝のようにかかってくる電話で感じていた。しかし、どうせいつもの自称モデルと一緒で、自称ミス・ワールドなのだろうと思っていたのだ。

「ありがとうねえ。新幹線に乗れた。ウン、ウン」

ドン・ファンはグリーン車の中でも平気で携帯を使う。幸い客が少なかったとはいえ、冷や冷やしながら横に腰かけていた。

「昨晩は楽しかったんですか？」

「そうそう。アレに比べたらずっといい。結婚するんだよ」

「またまた。その気もないくせに」

「本当だって」

ドン・ファンは半信半疑の私に、ミス・ワールドの本名と住所を教えてくれた。後でネットで検索してみると、ミス・ワールド大会日本代表の最終選考まで残った女性であることが分かった。どうやら本物のようだ。

リーガロイヤルホテル

新大阪駅3階の車寄せに停めてある白いベンツの前で、マコやんが笑みを浮かべて手を振っていた。

「おはようございます」

マコやんと挨拶を交わして助手席に腰を下ろした。

「リーガに行ってや」

後部座席で社長が声をかけた。大阪市内の運転に慣れていないマコやんに「そこを右に」とか大声で指示を出していた。

「いらっしゃいませ」

うやうやしく頭を下げるホテルのドアマンに、片手を上げて笑いながらチップを渡すのが社長は好きだ。いつものように背広から札を出して渡している。

「あれ？　社長とお知り合いだったんですか？」

私が社長と一緒に入ろうとすると、ドアマンが驚いたように声をかけてきた。私はこのホテルに年50泊くらいを10年ほど続けたことがあり、本当にお世話になっているのでドアマンたちとも親しい。

「あの本の協力をしていましてね……」

「ああ、そうだったんですか。社長から著書をプレゼントしていただきました」

ドアマンが苦笑した。

1階奥のレストランで食事を済ませると、社長が向かったのは正面ロビー脇にあるケーキ店だった。そこで社長は若妻さっちゃんが大好きだというモンブランなどのケーキを大量に買っている。

ベンツが田辺の自宅に着いたのは午後2時前のことだった。

「老衰だったのかな〜」

車中で社長はイブの死を悼《いた》んでいたが、それほど悲しんでいる様子は見せなかった。

「16歳ですからねえ。この前僕が見たときにちょっと痩せたと気になっていたし、足元もおぼつかなかったですから」

「そうか……」

イブの通夜

「社長があれほど可愛がっていたのに亡くなっちゃって……」

大下さんが社長宅で迎えてくれた。すぐに2階に上がると寝室に小さな祭壇のようなものが作られており、イブはオレンジ色のエルメスの箱のなかで眠ったように置かれていた。胡蝶蘭の白い花が亡骸《なきがら》の周りを埋めている。

午後2時半から市内の闘雞神社の神主さんやお寺のお坊さんが来て通夜が始まった。列席したのは社長とさっちゃん、大下さんと元従業員で60代半ばの平井さん、そして私だった。翌日に葬儀をすることになっていた。

「葬儀は延期する。火葬もしない」

急に社長が言いだした。朝令暮改という言葉があるが、彼はまさにこのタイプだ。ついさっき言ったことがコロコロ変わるのも日常茶飯事なのだ。

「何日ぐらい遺体は持つんかなあ」

「まあ3～4日したら腐っていきますよ」

「そうかぁ～」

昨年12月に社長は外塀を新築しており、大理石の玄関階段脇にはイブちゃんが亡くなったら入れる納骨用のスペースを作らせていた。

「ここに骨を入れるんです」

縦20センチ、横30センチぐらいの大理石の蓋で、開けてみると深さが20センチほどある。

以前はそう言っていた。ところが、である。いざイブが死ぬと、

「ここに遺体を入れる」

遺骨じゃなくて遺体を入れると言い出した。そのスペースの下には硬い岩盤があるために、深く掘ることができない。

「社長、焼かないとダメですよ」

「嫌だ」

「じゃあ一生寝室に置いて、毎日ドライアイスを替えるしかないですね」

私は呆れて突き放すように言ったのである。

お前がイブを殺した

社長が出張するとイブの世話をする者がいないので、以前は白浜にあるペットホテルに預けていた。しかし、17年の春頃から、社長がそのペットホテルに疑念を抱き始めた。

「あのホテルに預けると、どうもイブちゃんの様子がおかしくなるんや。一泊7000円も取られるぐらいなら、大下さんに来てもらって世話してもらったほうがいい」

その頃にはもう、大下さんの父親が田辺市内に入院していた。

「私もお見舞いができるので丁度いいしね。だから引き受けることにしたのよ」

大下さんは私にそう言っていた。月に10日ほどという約束だったが、それにも理由がある。大下さんは社長に逆らうことはできないので、ストレスが溜まってしまい10日ほどが限界なのだ。最後には社長と大ゲンカをして東京に帰って行ったことも少なくない。

アプリコの従業員や私は大下さんのことを、10日で胸のタイマーが点滅するお手伝いさんと笑っていた。ウルトラマンのカラータイマーになぞらえ、「10日タイマー」と呼んでいたのだ。飛行機で飛んでくる「空飛ぶお手伝いさん」と呼んでいたこともある。

「社長ケチだからさ。行きの飛行機代は持ってくれるけど、帰りのチケットは買ってくれないんだから」

「やっぱり……」

これは社長の特徴で、最初は甘い声をかけるが、その後のサカナにはエサをあげないのだ。大下さんは日給1万円の約束だが、東京までの帰りの飛行機代が3万円かかるから10日で7万円にしかならない。朝5時から掃除洗濯して食事の用意をする。夕方までの勤務だが簡単な仕事ではない。というのも社長が気分屋で無理難題を吹っかけることも珍しくないからだ。

イブの通夜が終わると、大下さんの顔色が変わっていた。

「社長がね、私がイブちゃんを殺したって。冗談じゃないわ」

「大下さんが殺したんだ」

社長がそう言ったのは確かだ。しかし、それは私には冗談にしか聞こえなかった。ところが大下さんはそれに対して異常に反応して激怒した。

「帰るから」

部屋から荷物を持ってきた。そして大阪から来た平井さんの乗用車に乗って大阪に向かったのである。

いつもの10日タイマーが切れたのだ。ストレスのあまり、彼女が異常な反応を見せただけで、まさか本当にイブを殺すなんてことはないだろう、と思った。

奇妙な来訪者

大下さんが怒って帰った2日後、社長とマコやんと3人で朝の9時に南紀白浜空港に新しいお手伝いの女性を迎えに行った。白浜空港は社長の馴染みの場所で、カウンターの向こうにいるグランドホステスと話をするのが大好きだ。

話しかけられる女性職員は迷惑だろうが、お客なので無下にはできず微妙な笑顔で対応している。

「あのね、イブちゃんが亡くなったんです」

同情を引こうとしてか、誰彼なしに話しかける。社長はこの待合ロビーでイブに好き放題させていたから、職員たちもイブのことはよく知っている。迷惑だが誰も注意をしなかった。まあ、この空港は一日3便、羽田にしか飛んでいないので客の数も知れたものだから、邪魔にもならないのかもしれない。吠えることもなくちょこまかと動いているので、可愛いといえば可愛い犬だ。

前日の9日の昼過ぎに、自宅1階のリビングで社長とマコやんと3人で話をしていると、社長がしばらく携帯を操作していた。

「なあ、コレがウチのお手伝いになってもいいと言っているんや。ちょっと連絡してくれませんかね」

「誰ですか？」

「なんでも3年くらい前に、私が銀座の飲み屋に行ったときにママの下で働いていて挨拶した、というんや。記憶に無いけどな」

社長から言われて私が彼女に電話をした。

「どちらにお住まいですか？」

「東京の練馬区というところです」

彼女が何者なのか分からないので、いろいろな質問をした。声のトーンは明るく、ハキハキした受け答えは好感が持てた。

「では明日の朝イチの便ですね。社長も迎えに行くと言っています」

脇で社長が満足そうに頷いた。

「社長、記憶に無いってことは社長の好みと違うってことじゃないですか。期待しないほうがいいですよ」

マコやんが釘をさした。どうせ飛んで火に入る夏の虫とばかりに社長はねんごろになれると思っているに違いない。

「お迎えありがとうございます」

翌朝の白浜空港に現れたのは、ドラえもんのようにでっぷりと太った中年女性だった。

「ああ……」

社長の顔から表情が消えた。これまた分かりやすい。車で田辺に向かう途中には、社長が気に入っている喫茶店がある。海のすぐ脇で田辺湾を見渡せ、コーヒーも美味しい。社長はここでモーニングを食べるのが好きで、特製ジュースとパンとサラダ、目玉焼きが定番だ。

「遠いところ、お疲れでしたね」

中年女性に話しかけるのはもっぱら私の役目で、社長はもくもくと箸を動かしている。

「私、バツイチで20歳を超える息子がいるんです。社長さんのところに来られて嬉しいです」

精一杯媚《こび》を売るような喋り方をするが、相変わらず社長の反応はない。マコやんは彼女のことをドラえもんになぞらえて、ドラ子さんと呼ぶようになった。

自宅に到着し、掃除のやり方をマコやんが教え始めたので、私は宿泊しているホテルに一旦戻った。するとお昼過ぎにさっちゃんから電話がきた。

「あの、社長のファンという男女が来て、社長が家に上げちゃったんです。困っているので来ていただけませんか？」

慌てて社長の自宅に行くと、60代半ばぐらいのラフな服装の男女が1階リビングのソファに腰かけている。男性は沖縄の宮古島で暮らし、本土に来たのは生まれて初めてと自己紹介し、女性は男性の友人で北九州から来たという。

「熊野古道《くまのこどう》でも歩くんですか？」

ラフな恰好なので訊いた。

「いやいや、ドン・ファンさんの本を読んで感動したので、社長に会うのが目的でした。田辺駅で降りてタクシーの運転手さんに野崎社長の自宅を聞いたんです。でも運転手さんから『社長の家にはご不幸があって無理かもしれませんよ』と言われて。家だけでも見たいと思って来たんです」

それを聞いた社長が大笑いした。地元紙の紀伊民報に、イブちゃんの死亡告知を出したのを市民たちは読んでいたのだ。『野崎イブは永眠いたしました』という告知だ。年齢も書かれていないし、犬とも書かれていないので、社長の母親が亡くなったと市民の多くは思っていたというから爆笑がおこった。得体の知れない男女2人と私は会話を交わしたが、「感動した」と言っておきながら、『紀州のドン・ファン』を読んでいないことはすぐに分かった。なんのために来たのだろうか？　強盗・泥棒の下見じゃないのかと疑ってしまう。

さっちゃんとお手伝いのドラ子さんが会社から贈答用の大きな梅干しの箱を運んできて、2人にプレゼントして帰ってもらった。

「社長、無闇に知らない人を家に上げたら大変なことになりますよ。さっちゃんもいるんですから」

「はいはい」

返事はするが反省していないことはすぐに分かった。自分が有名人になったことが嬉しいのだろう。子供のような性格である。

イブを偲ぶ会

5月10日は、本来ならイブの葬儀が行われる予定だったので、この日の夕方に従業員を全員呼んでささやかな偲《しの》ぶ会をやろうと、私とマコやんの提案で前日に急遽《きゅうきょ》決まった。用事があった金庫番の佐山さんだけが欠席した。

そろそろ会場に行こうとホテルで準備をしていると、マコやんから電話が入った。

「ヨッシー大変やで〜。あのお手伝いのドラ子さん、社長に金を借りるために来よったんや」

「はあ？」

「2億円貸してくれって。それも無担保で……」

「そんなアホな」

「自分が誰かの保証人になってピンチなんやと。それを聞いた社長が激怒して、もちろん断ったよ。ドラ子さんはいま会社におるんやけど、今日のお手伝いの報酬を2万円くれやと。ずうずうしいやろ。『お金を貸してくれ』と言い出せなかったって言い訳しているけど、そもそも無茶苦茶や」

結局金庫番の佐山さんがお金を支払い、田辺の駅まで送って行くという。

午後6時から田辺市街の北の海岸線にあるかんぽの宿で、偲ぶ会が始まった。さっちゃんはロビー脇の壁にもたれてどこかに電話をかけて長話をしている。

「あいつはどこや？」

「電話をしていますよ」

社長がイライラしているのが手に取るように分かる。かれこれ10分近くさっちゃんが来ないので、私が呼びに行った。

従業員5人と社長夫婦、そしてイブを埋める穴を庭に掘ってくれた造園会社の若社長も招待された。

「今日はね、イブちゃんを偲ぶ会やからね」

社長の音頭でグラスが合わされ、会席料理が運ばれてきた。さっちゃんがこのような席に出るのは初めてのことなので、社長の機嫌はすこぶる良い。

「お手伝いのおばさん帰ったんですって？」

「ああ。帰らしたよ。お金を借りたいって、無担保で。あれはアホや」

社長が言い放った。

「貸してあげればいいのに」

隣のさっちゃんが呟いた。

「はあ？　さっちゃん、何を言ってるの？」

私が言った。

「だって借りられなければ自殺するって言っているんですよ」

社長宅からアプリコに行ったドラ子さんは、マコやんにも金庫番の佐山さんにもそのように懇願したらしい。

「自殺？　結構じゃないですか。やって下さいよ、なあ～」

そう言って社長が笑う。

「1億円なんか紙切れって社長は豪語しているんだから、貸してあげればいいのに」

さっちゃんはドラ子さんに同情している。

「キミは自分のお金じゃないからそんな馬鹿なことが言えるんだ。担保もないのに金を貸してくれというのは、頂戴っていうことと同じだよ」

私の言葉に社長は大きく頷いている。さっちゃんは、お金の大切さなど何もわかっていないのだ。

「あのドラ子は過去に自己破産したこともあるんやて。自己破産したのによう保証人になれたなあ。大方ウソだろ。ずうずうしいを通り越して呆れるがな」

隣のマコやんもそういいながら焼酎のグラスに口をつけた。

この晩の社長は最後まで上機嫌だった。さっちゃんも珍しく笑顔を振りまいている。

「イブを可愛がっていた大下さんもいればよかったのに……」

私がそう言うと、

「しょうがない。大下さんは10日タイマーが点滅してしもたんや」

マコやんが苦笑した。

「何か歌おうか」

社長がそんなことを口にするのを初めて聞いた。

「カラオケはないのか？」

残念ながらこの宴会場にはカラオケの設備がなく、9時前にお開きとなった。

奇妙な来訪者が続いた、死の2週間前の5月10日。社長が他殺だとすると、彼らの誰かが犯人の一味で、家の下見に来たという可能性も否定できない。

従業員はなぜ社長の動画を撮ったのか

「昨日は楽しかったですね。ご馳走さまでした」

翌朝、アプリコに行くと社長が机に向かい、帳簿に目を落としていた。

「いやぁ〜、ヨッシーの言うように（宴会を）やって良かったですよ。ありがとう」

珍しくピンクの半袖のポロシャツをラフに着ていた。胸元に赤いミミズ腫れが無数に見える。

「昨晩はさっちゃんとバトルでしたか？」

それを見た私が冷やかした。

「ええ、まぁ〜」

私は勘違いをしていたのだ。それはイブちゃんを大阪の大学付属の獣医科病院に運んだときに、苦しむイブちゃんが抱いていた社長の胸を掻きむしった傷だったことは後で知った。

イブが苦しみだしたのは5月6日の夜10時すぎだったという。日曜日の深夜なので、犬猫病院はどこも閉まっている。さっちゃんがスマホで調べて、大阪の大学付属の獣医科病院を見つけて連絡を取った。それが午前2時ごろだったという。

「私がね、さっちゃんと社長を乗せて運転して行ったのよ。マコやんは休みでお酒を飲んでいるから行けないって断られたので」

「え？　そうだったんですか？」

大下さんの運転はお世辞にも上手とは言えない。それなのに深夜高速道路を大阪に向かって行ったというのだから事故にならなかったのは不幸中の幸いと言えるだろう。車中でイブは息絶えて、獣医の先生は死因を老衰だろうと伝えたという。

この日は私が帰京する日だったが、午前10時から社長が競売物件の動産差し押さえをするというので、午前中だけ付き合うことになった。

裁判所の執行官が来て動産をチェックするという。向かったのは田辺から車で40分ほど離れた、熊野本宮大社近くの山のなかにある温泉施設だった。

道の駅の向かい側の喫茶店で、社長が乗ってきた白いベンツの脇に車を停めてマコやんと中に入った。薄暗い古めかしい喫茶店には、社長の他に第三章で紹介した若い従業員の、三山クンと、2ヵ月前に会社に入って見習い期間中の永井クンがいた。

社長のテーブルにはアイスコーヒーがあった。知らなかったのだが、このとき社長は朝食としてチャーハンをすでに食べ終わっていた。それを知ったのは亡くなったあとのことだ。フジテレビのワイドショーで、社長がチャーハンを食べている映像が流れたが、それはこのときに撮影したものだった。

永井クンが撮影して、金井クンがテレビ局に売りつけたと後で聞いた。同じように翌日のイブの埋葬シーンも動画で撮られてフジテレビで放送されていた。イブの埋葬はまだしも、普段、彼らが社長の動画など撮ることはありえない。このときに限ってなぜ撮影したのか。

「社長の様子が面白いから撮ったんです」

社長の死後、永井クンはそう言っていたが、いまも私は腑に落ちない。

現場は雑草が生えて長年使用していないテニスコートや古ぼけたロッジが山の中に

点在していた。

競売の書類を見せてもらうと、このホテルは社長からバブルの時代に5億円も借りていた。そのほとんどは返済されていたが、残金がまだ数百万円ある。利息を考えると、十分に儲けが出た物件であることは書類を見て分かった。ホテルの先代は亡くなっており、残された年配の女性と社長は親しそうに談笑していた。

この日、なんと裁判所の執行官が時間と場所を間違えて来なかった。日を改めることにして、私はマコやんの運転で田辺駅まで送ってもらった。

まさかこれが、社長との永遠の別れになるとは、このときの私は思いもしていなかった。

社長は自殺ではない

「あのね、6月11日に川久で告別式をするから。盛大にしたいのでヨッシーは東京からテレビなどのマスコミを呼んでほしいんです。デヴィさんも来るから」

5月20日に社長から電話があった。白浜の川久にさっちゃんと一緒に行き、午後4時からパーティをする予約をしたという。それから社長が急死するまで、毎日何度も電話がかかってきた。

「飛行機代を振り込みますから、取材してくれるマスコミを呼んで下さい。ホテルの部屋も押さえるので人数を教えて下さい」

「社長、相手が何人なのかもわからないのに、まだ振り込まないで下さいよ。テレビのスタッフも企画を通さなければ行けないし、もう少し時間を下さい」

デヴィ夫人の秘書とも連絡を取り、マスコミの取材はOKという言質を取って、ワイドショーの関係者たちに告知し始めた。

すると5月23日になって、突然私に会いたい旨の電話が社長から入った。前述したように、東京で会いましょうと言っても、田辺に来てくれの一点張りだった。

時間的に田辺に行けるか分からないので、一旦返事を保留した。すると24日も朝から電話が来た。

「まだ結論は出ていませんか？」

「う〜ん……」

24日の午後4時にも電話が来た。超朝型の社長から、夕方に電話が来ることは非常に稀《まれ》なことだ。

「どうしたんですか？　こんな時間に……」

「やはり来ていただきたくてねえ。どうですか？」

「分かりました。行きますから」

後で分かるが、ドン・ファンはすぐに会社に電話をして、「ヨッシーが来るから」と伝えていた。そしてこの夜、遺体となって発見されたのである。こういうやりとりがあったので、社長の死因が自殺ではないことを私は確信している。

第六章　警察、マスコミ、弁護士　それぞれの思惑

13時間の事情聴取

葬儀の翌日、5月31日も、朝9時からさっちゃんと大下さんは田辺署に呼ばれて事情聴取を受けた。

「ウソ発見器にかけられたわよ〜」

13時間もの長い事情聴取を終えてドン・ファン宅に帰ってきた大下さんが口を尖らせた。

「心拍数を計るテープを手足に貼られて『質問にはすべて〝いいえ〟で答えて下さい』ってね。『覚醒剤を食べ物に混ぜましたか?』『風邪薬として飲ませましたか?』なんて質問が延々と続いたのよ。『社長を殺しましたか?』なんて質問もされたから頭にきちゃって『殺すワケないでしょう』って答えたら『いいえ、と答えて下さい』だもん」

ウソ発見器については、たとえ不利な結果になっても逮捕はされないし、裁判にも影響しないと前日に2人にアドバイスしていたので、少しは気が楽だっただろう。

「髪の毛を100本くらいも抜かれちゃった。前後ろ両脇、頭頂部と5ヵ所で根元から抜くんだもん。『やめて〜、私毛が薄いのに、円形脱毛もあるのに』って言っても容赦ないのよ。さっちゃんみたいなフサフサの黒髪とは違うんだから」

「そりゃあ、ひどかったですね」

私とマコやんは笑いをこらえ切れなかった。大下さんが常日頃ウイッグを使っているのを知っているから、なおさら可笑《おか》しかった。

「さっちゃん担当の捜査員はイケメンばかりでさ。私はおばさんだからっていい男が来ないのよ〜。差別だわ」

「そんなことないですよ。大下さん担当の刑事さんにも恰好いい人がいたじゃないですか」

余裕があるのかないのか。まるで2人は事情聴取を楽しんでいるみたいだ。

「ヨッシーの取り調べよりは楽だから助かるわよ」

大下さんが皮肉る。

「そうそう。私もそう思う」

さっちゃんも頷いた。

「札幌に行かせたでしょ」

「吉田さん、仲間を札幌に行かせたでしょ」

大下さんとリビングで世間話をしていると、さっちゃんが自室から怒ってやってきた。

「はあ？　何を言っているの？」

「札幌の実家に週刊誌記者がきたって。実家の住所を知っているのは吉田さんしかいませんから」

「キミ、甘いな。社長は入籍した後で、結婚を自慢するためなのか戸籍謄本とツーショット写真のコピーを近所に配りまくったんだよ」

「エッ？」

さっちゃんの目が丸くなった。

「ウソでしょ」

「本当だって。戸籍にはあなたの旧姓や北海道の住所も載ってるでしょ。だから取材に来てそれを手に入れた社が札幌に行ったんじゃないかな。戸籍や写真なんて配るなって社長に注意したけれど、馬の耳に念仏だから。オレは誰も行かせていないよ。だって目の前に一番大事な取材対象者がいるんだから……」

「そうだったんだ」

「そんなに実家の取材がすごいの？」

「そうみたい……」

彼女が嘆く気持ちはわかるが、事件になった以上、こうなることは必然だった。

実は結婚前から、私は社長に頼まれてさっちゃんのことはある程度調べていた。今は消してあるが彼女はフェイスブックをやっていて、そこにたくさん写真を上げていた。南の島への海外旅行に母親と行った写真などがアップされており、そこには日本語は一切なく英語だけで説明が記されていた。しかし、その英語は間違いだらけだった。多分グーグルなどの翻訳機能を使ったのではなかろうか。もしそうなら相当の見栄っ張りだ。

さっちゃんの生い立ち

さっちゃんは札幌市内で生まれ、きょうだいは3歳上の看護師の姉と1歳下の弟、両親の5人家族だ。父親は医療関係の仕事をしている会社員で、母親は看護師。さっちゃんは、地元の小中学校を卒業し、公立高校を卒業後に美容師の資格が取れる札幌の美容専門学校に入校した。

同僚の記者によると、高校の同級生はこんな話をしたという。

「勉強も運動も得意ではなく、趣味もない。社交性もなくて自分の世界に入り込むタイプでした。協調性もなかったんじゃないですかね。口数も少なくて目立つタイプではなく、地味な子という印象です」

専門学校の同級生も同じような印象を持っている。

「女の子に嫌われるタイプって分かりますか？　『自分はあなたたちとは違う』というオーラが出ているんです。ススキノのホストクラブに行ったとか海外旅行に行ったとか自慢話ばかりしていて、それが鼻につくので嫌われていました。ネットでは彼女のことをディスる書き込みまであったほどです」

――イジメられていた？

「ていうか、わざとイジメられるように振る舞ってたという感じかな。海外旅行やブランド品を自慢しているんですから。でもそのお金はどっから出てたのか怪しかったから、『誰かいいパパでもいるんだろう』とウワサされていました」

これはあくまで個人が持った印象であり、私はさっちゃんの人格を否定する気はない。ただ「自分の世界に入り込むタイプ」という証言には、私も賛同する。

彼女の札幌の実家は豪邸ではないが、かといってみすぼらしくもなく、中流の上といった感じだという。ホストの彼氏がいるとかミュージシャンの彼氏がいるという話は耳にするが、本当かどうかはわからない。

大下さんがパニクった

6月2日土曜日の朝、さっちゃんは羽田に向かう朝一の便に乗るため、南紀白浜空港にやってきた。東京・新宿にある彼女のワンルームマンションの家宅捜索に立ち会うためだ。翌3日には大下さんの六本木の自宅マンションの捜索をする予定になっていた。任意だというのに飛行機代は自腹というから驚いた。

「私お金がないからさ、さっちゃんからお金を借りてチケットを買ったわよ。もし行かなかったら勝手に調べるっていうんだもん」

大下さんが怒っている。

さっちゃんが搭乗口のある2階に行くためにエスカレーターに乗ると、その後をマスコミの人間らしい白いシャツの若い男が追っている。

当時はまだマスコミはそれほど多くなく、空港では和歌山県警の私服の女性警官や刑事がさっちゃんを待ち受けていた。

「どこかでお茶しましょうよ」

さっちゃんが保安検査場の向こうに消えると、大下さんの提案で空港近くの上富田《かみとんだ》町《ちょう》にあるマコやん行きつけの喫茶店に行くことになった。ボックスシートが一杯だったので、カウンターに3人横並びで腰かけた。

「私、逮捕されるの？　イヤだわ〜」

「そんなことないって。大丈夫ですよ」

私は大下さんの肩をポンポンと叩きながら宥《なだ》めた。

「だって私が逮捕されるって言われたんだから……」

「誰がそんなことを言っているの？　大丈夫だから」

大下さんの思いつめた表情が気になった。喫茶店を出て、私が1人で大阪に向けてレンタカーを走らせていると携帯電話が鳴った。マコやんからだったので、サービスエリアに入って折り返し電話をした。

「ヨッシー大変やで。あのあと、大下さんがパニクってな、家の前の報道陣に向かって『私は無罪だ』って演説し始めたんや」

「本当に？」

驚いた。誤解されるからテレビカメラには何も答えないと常々言っていた大下さんが口を開いたというのだ。

「ワシがなんとか家に連れ帰ったけど、ずっとお守《も》りをしているわけにもいかんからなあ。社長が死んでからずっと一緒にいたさっちゃんやヨッシーがいなくなって、きっと心細くなったんやろな」

　かつて彼女が六本木で水商売をしていた頃は、彼女の周囲に覚醒剤で捕まった人間が多くいて、彼女の元夫もそうだった。

「疑われるからまだ喋らないほうがいい」

　私はそれを知っているからこそアドバイスしていたのだ。私は一度も大下さんの元夫が覚醒剤で捕まった過去があることは書かなかった。それを書いて、マスコミの取材が一人娘のAさんに向かうことを恐れたのだ。売れっ子シンガーになることを目指しているAさんの邪魔は、なるべくしたくなかった。

　翌日、再びマコやんから連絡がきた。

「大下さんが昨晩、どこかの記者を社長の自宅に招き入れたってさ」

「はあ？」

　これまた信じられないことだった。

「社長に線香を上げたい人がいるので連れていきます」

　従業員の一人が大下さんにそう言って、連れてきたのがテレビ局の記者だったというのだ。どうやらフジテレビが日曜夜に放送している「Mr.サンデー」の記者らしい。

「自分の家でもないのに勝手に記者を入れる大下さんもおかしいし、連れてくる従業員もおかしい。大方従業員は金でも貰って手引きしたんやろ。情けないわ」

マコやんの怒りがビンビン伝わってきた。

江戸川の男

さっちゃんは白浜空港から捜査員らと羽田に飛び、新宿区内の自分が借りていたマンションの家宅捜索に立ち会うことになった。飛行機には男性記者3人ほどが同乗していたそうだ。警察から情報のリークを受けている社があることが分かる。

羽田からワンボックスに乗ったさっちゃんの車を追いかけるオートバイもいたという。向かったのは新宿の抜弁天にある築2年の真新しいマンション。ここは全戸ワンルームのマンションらしい。

私は大阪から新幹線で東京に向かった。東京駅で同僚の記者と合流し、彼の車で東京の東部にある江戸川区に向かった。そこでの取材（内容は後述する）を終え、新宿のさっちゃんのマンションへ。マンション前の通りは、新宿駅周辺の渋滞を避けるために私が抜け道としてよく利用している道路だったが、こんなオシャレな高層マンションが建っていたとは気が付かなかった。

夕方の6時すぎになっても家宅捜索が続いていた。テレビのカメラは三脚に固定され、玄関を狙っている。マスコミの姿はそれほど多くなく、テレビ局のクルーが2つと雑誌社と新聞社が3社だった。

「一体いつになったら出てくるんだ。もういいだろうに」

現場にいたフライデーのカメラマンが苛立ったように呟いた。この暑さのなかを昼前から張り込んでいるのだからボヤくのも無理はない。

「ネオンが瞬《また》く頃に出てくるよ。もうすぐだって」

カメラマンを励ました。少し小高いエリアなので、建物の陰から歌舞伎町のネオンがチラチラ見える。

「今日は新宿、そして明日はお手伝いさんが住む六本木かあ。日本を代表する繁華街の近くで家宅捜索って、和歌山県警にはすごく珍しい機会だから、捜査員も嬉しいんじゃないですか?」

同僚記者がにんまりとした。捜査員も人の子である。山の中の何もない場所の家宅捜索より、ずっと楽しみが多いのは間違いないだろう。

午後7時すぎ、夜の帳《とばり》が降りてネオンが目立つ時間になって、ようやく段ボール箱を抱えた捜査員たちがぞろぞろと出てきた。その中の一人、5月29日の家宅捜索で会った顔見知りの巡査部長が私の顔を見つけて目で会釈をしてきた。他の記者に気づかれないように彼に近づいた。

「お疲れ様でしたね」

軽く頭を下げた。

「ずっといられたんですか？」

「いや、野暮用があって小一時間前に来たんです。ワンルームの部屋なのに随分と時間をかけていましたね。ネオンが灯《とも》るまで頑張るつもりでしたか？」

相手が苦笑した。

「吉田さんは何を取材していたんですか？」

「あなた方が行くところを先回りして取材していたんです」

「はあ？」

「明日は大下さんの六本木でしょ。江戸川はいつですか？」

そのとき彼の表情が一変したのを見逃さなかった。

「江戸川って？」

「そんなのご存知じゃないですか。でも期待した以上のものはないと思いますけど」

「…………」

彼は黙って去っていった。

週刊文春VS.週刊新潮

江戸川とは何か？　前にも少し触れたが、さっちゃんとドン・ファンが知り合ったのは、ある男の紹介がキッカケだった。その男の住所が江戸川区だから、江戸川と言ったのだ。

２０１７年10月頃のことだ。ドン・ファンに一通のファンレターが届いた。江戸川区内の住所と氏名が記されている手紙で、便箋４枚に「『紀州のドン・ファン』を読んでファンになりました。私もそのような人生を過ごせたら嬉しいです」と決してきれいではない筆ペンの字が並んでいた。その当時ドン・ファンに届いたファンレターを何通か見せられていたが、これはあまり上手な文章でもないし、字も汚ないので「あまり深入りはしないほうがいいと思いますよ」と忠告しておいた。

その男が女性を紹介しましょう、と持ちかけてきたのである。

女性に目のないドン・ファンだから、さっそく紹介してもらうことになった。紹介料をいくら払ったかは知らないが、会社の経理を通していないので、たとえ払っていたとしても小遣い銭程度だったと思われる。

男性の年齢は50歳ぐらい。仮にＫ氏としておこう。彼の実家は自動車修理工場を営んでおり、女性を紹介するのを生業《なりわい》にしているわけではない。そのK氏が知り合いのモデルを紹介しようとして断られ、その女性に「誰か別の知り合いを紹介して」と頼んで紹介されたのがさっちゃんだったのだ。

だから実は、K氏とさっちゃんの間には面識がなかった。しかし、K氏もなかなかやるものだ。ドン・ファン怪死の後で週刊文春と週刊新潮に自分を売り込むメールを送っていたのだ。

「高額で買い取って下さるほうに情報を提供します」

どちらに軍配が上がったか？　週刊文春が競りに勝ってK氏からの情報を買った。しかし、その情報たるや前述の内容だけだったため、文春編集部もガッカリしたという噂を耳にした。

競りに負けた週刊新潮側も胸をなで下ろしたという。

「私はやってない！」

6月3日、日曜日のこの日、六本木にある大下さんの自宅マンションに捜査員が入っていた。大下さんは7人ほどの捜査員による家宅捜索に半日以上付き合っており、大勢のマスコミがその様子を見守っていた。

家宅捜索が終了した後の午後9時前に大下さんと電話がつながった。

「ああ、良かった。(家から) 覚醒剤も何も出なかった」

「そんなの当たり前でしょ。マスコミはどうしているんですか？」

「私がマンションから出てくるのを待っているので、捜査員の車両に乗せてもらってさ。途中で下ろしてもらって、そこからタクシーに乗り換えて知り合いのところに行く途中なの」

「くれぐれも軽率な行動は取らないで下さいよ。マスコミは大下さんのことを狙っているんだから」

「そうなのよ。だけど無実なんだから……」

「分かってるって」

「あのマンションにはしばらく戻らないつもりよ」

「うん、それがいいと思う」

電話を切って、フジテレビの「Mr.サンデー」を見て驚いた。大下さんはドン・ファンの自宅の中を記者にくまなく見せていたのだ。線香云々ではなく完全な取材だ。社長が亡くなった現場である2階の寝室までカメラが入っている。間が悪いというのか、番組にとっては「おいしい」アクシデントも起きた。

大下さんのインタビューをしているときに、ちょうどさっちゃんからの電話が入ったのだ。スマホにカメラを向けている。

「私たちやっていないよね。失礼しちゃう」

「やってないよ」

さっちゃんの声もばっちり放送された。

翌日の月曜日、朝からワイドショーでさらに大変なことが起きた。各局の番組で大下さんの顔がモザイクなしで放送されたのだ。土曜日の昼間に、大下さんがカメラの前で無実の訴えをしたときのものだ。

顔以外に、実名と年齢まで公開している番組もあった。どうやら大下さんが了承したということのようだ。

「無実なら堂々と顔や名前を出したらいいじゃないですか」

そんなふうに記者から言われたようだ。記者の挑発にまんまと乗ってしまったということだろう。ピンクで花柄の派手なブランドもののブラウスもまた、テレビにとって「おいしい」絵だった。

「お手伝いさんなのにずいぶんと派手な服ですね」

どこかのコメンテーターが適当なことを言っていた。実は大下さんの地味な普段着は警察にすべて押収され、まだ返却されていなかったのだ。服に覚醒剤が付着していないかを調べるためのようだった。だから仕方なく、残っている派手な服を着ていたのだが、コメンテーターとはいい加減なものである。

「昨年からお手伝いさんになったにしては、堂々としていますね」

大下さんのことをまるで分かっていないのに、無責任なコメントがワイドショーには溢れかえっていた。

いくら「やっていません」と大下さんがカメラの前で言っても、まるで説得力がないどころか、かえって疑惑が深まる結果となった。

「ドン・ファンが死んだ当日、お手伝いさんは夕方に出かけて、帰ってきてからは妻とともに1階リビングでテレビを見ていたそうです。8時すぎに上からドンドンという音がしたのに見にも行っていない。10時過ぎにやっと妻が上がって亡くなっている野崎さんを発見したというのですが。なぜ8時過ぎのドンドンという音がしたときに上がらなかったのか？　不思議です」

「2階の寝室にはぶ厚いカーペットが敷かれているのに、ドンドンという音がするでしょうか？」

ドンドンという音にやたらとこだわる番組もあった。しかし、何度も指摘するが、ドンドンという音は、社長が洗面所やバスルームに行くときに躓《つまず》くと鳴るので、それほど珍しいことではない。厚いカーペットが敷かれているのは事実だが、それと音とは関係がないのだ。

月曜日の晩にテレビ局の友人と電話で話していて、またまた驚いた。

「大下さんの親族から各局に猛烈な抗議が入って、顔にモザイクをかけないと訴えるって。だから徹夜で作業をしているんだよ。親族って何者なの？」

私はピンときた。ロサンゼルスにいた娘が帰国してくると大下さんから聞いていたからだ。娘さんはコマーシャルソングなどが茶の間にも流れている美人歌手で、大手レコード会社と契約している。だからマスコミの扱いにも慣れているのだ。

結局大下さんは、家宅捜索以降は六本木の自宅に戻ることはなく、身を隠し続けた。

信じられない記事

6月6日早朝、「渦中の若妻」さっちゃんが羽田空港に現れた。彼女は6月2日に白浜から羽田空港に飛んで、そのまま新宿にある自宅マンションの家宅捜索に立ち会っていた。その後都内のホテルに潜伏して和歌山県警の事情聴取を受けていたが、この日にまた田辺に戻ることになったのだ。

どこから情報を得たのか、空港には数社のマスコミが張り込んでおり、彼女に質問を浴びせた。が、彼女はいつものサングラスにマスク姿で、耳にはスマホのイヤホンをして完全無視を決め込んだ。

彼女が田辺に帰ったのは、供養のためだった。少なくとも週に一度の供養を四十九日が過ぎるまで行うのがこの地方の習わしで、彼女はそれに従ったのである。

動きのなかった現場に緊張感が走ったのは、刑事が社長宅に入った午後4時だった。さっちゃんが言う。

「警察の方が、死因が変更になったからと説明にきました」

死因が「急性覚醒剤中毒」に変更になったと、警察はさっちゃんに告げた。それまでは「急性循環不全」とされていたが、体内から多量の覚醒剤成分が検出されたのだという。すでに新聞や週刊誌で報じられていたことだが、いまになってそれを警察が認めた形となった。

翌日6月7日発売予定の週刊新潮と週刊文春の記事をアプリコの従業員からもらって読んださっちゃんが困惑していた。週刊誌は、発売前日にはマスコミ関係者に出回る（「早刷り」と呼ばれる）。付き合いのあるマスコミから、従業員が記事のコピーをもらったらしい。

さっちゃんが困惑するのも当然だった。週刊新潮は『悲劇の幼妻』プロファイル」というタイトルのもと、さっちゃんの実名と顔写真を公開していたのだ。

それだけでも十分驚くが、さらに信じられないことに、なんと記事中ではさっちゃんがAVに出演していた過去まで暴かれていた。

さっちゃんに警察の疑いの目が向けられているのは事実で、世間もさっちゃんが怪しいと思っている。しかし、だからといって、確たる証拠が何もない段階で実名・顔出し報道をするのは常軌を逸している。さらに、本人が公開されたくないことが分かりきっているAVの過去まで書くとは……。

週刊新潮が独自の情報を持っていて、彼女が犯人だと確信したというのなら同業者としてまだ納得できる。だが記事を読んでも、そこまでの情報は持っていないことは明らかだ。だとすると、この記事は「売らんかな精神」で容疑者にもなっていないさっちゃんの人権を侵害しているだけだ。

「彼女は何とか出版を止められないかと、弁護士とも相談したようです」

とアプリコ関係者が言う。だが、出版差し止めはそんなに簡単な手続きではなく、週刊新潮は通常通り店頭に並んだ。

6月7日の真夜中、午前2時すぎに社長宅前を見に行くと、煌々《こうこう》と眩しく光っている防犯灯の前に三脚が2つ置いてありカメラマンが黙って腰かけていた。

「今日から徹夜の張り込みです。朝になったら交代がきますけど……」

かつて同じ和歌山で、犯人の逮捕をマスコミが待ち続けた毒カレー事件と似てきたと思った。

イケメン弁護士

6月15日、フジテレビ系のお昼の情報番組「バイキング」で、さっちゃんがテレビに初出演した。なぜそうなったのか。

「弁護士は誰がいいんですかね？」

さっちゃんに相談されたのは6月10日あたりのことだ。週刊新潮に実名と顔を出された記事と、さらに週刊文春も訴えたいということだった。

「弁護士はよく考えて選ばなければならないって『紀州のドン・ファン　野望篇』にも書いてあるけれど、本当にそう思うよ。弁護士に命令されるのではなく、自分が弁護士をコントロールするくらいじゃないと、いいようにやられてしまう。不満だったら解雇するくらいの気持ちで、弁護士を雇ったらいい」

「分かりました」

さっちゃんはそう答えたが、まだ22歳の彼女にそれほどの知識があるわけではない。ドン・ファンが唯一信頼し、世話になっていた奈良の弁護士は、高齢で前年に亡くなっていた。

「お前よりもオレの方が詳しいんや。つべこべ言うんやったらクビや」

雇った弁護士とケンカすることも珍しくなく、本人訴訟も積極的に行っていたのがドン・ファンだ。そのためなのか和歌山県内に彼が信頼している弁護士は皆無で、田辺市の弁護士は法廷でいつも相手側だったから、雇うことはなかった。

昨年2月、自宅に強盗が押し入って逮捕された事件があった。犯人が破った窓ガラスやドアなどの損害賠償請求の民事訴訟を起こした。

そのときにドン・ファンが雇ったのは私が紹介した大阪の弁護士で、非常にクレバーで情のある方なのでさっちゃんにも紹介した。しかし、彼女が選んだのは都内の弁護士だった。正確に言うと、都内で事務所を構えるレイ法律事務所の弁護士グループである。

「キミが選べばいいので、僕はその件については何も言わない。だけど、どうして若い弁護士を選んだの？」

出版差し止め請求や名誉毀損《きそん》の裁判はかなり特殊な案件なので、そうした実務の経験がない若手弁護士では難しいと私は思ったのだ。

「テレビに出ているし……それに恰好いいんです。イケメンですから」

「…………」

二の句が継げなかった。テレビに出ているイコール有能、という感覚なのだろう。

その翌日、彼女からまた連絡がきた。

「着手金350万円で、テレビ番組に出て喋ってほしいと弁護士から言われました」

「ええ!?　そんな話、断ったほうがいいよ」

「ですよね」

すると、レイ法律事務所は「着手金は後払いでいい」と態度を変えた。そして、事務所の代表弁護士自身がレギュラーで出演している「バイキング」に出演するよう説得したのである。これが佐藤大和《やまと》弁護士だった。

「テレビに出るなら横並びで受けたほうがいい」

私は以前からさっちゃんにそのようにアドバイスをしていた。

テレビ業界は競争が激しく、同じ局でも番組ごとに競争している。ひとつの番組に出てしまったら、他からの取材が激しくなるのは当然のことである。

彼女が佐藤弁護士に決めたのは、もともと知っていたから、という理由もある。実は4月中に、彼女は日帰りで東京に行っていた。自分が出演しているAVの違法な配信をストップしてほしいと、佐藤弁護士に相談に行ったのである。

弁護士が飽和状態になっている今の日本では、借金の過払い金返還請求訴訟で糊口《ここう》を凌《しの》ぐ若手弁護士が少なくない。だが、過払い金返還請求訴訟の需要も頭打ちになり、最近はネット上のAV違法配信停止の案件を受け付けている若手弁護士が多い。が、結果は散々《さんざん》なもので、配信がストップされることはまずない。ネット社会では、一度アップされると完全に消すのはほぼ不可能だが、弁護士に頼めばなんとかなると考えるAV嬢が少なくないらしく、弁護士業界はそれでそこそこ儲かっているらしい。

「バイキング」では、司会の坂上忍さんが質問してさっちゃんが答えるロングインタビューが放映され、それを受けてスタジオの佐藤弁護士らコメンテーターが議論した。同番組はなんと、このコーナーに1時間も割いたのだ。フジテレビは別の報道番組でもこのインタビュー映像を流した。

正直言って、この出演が成功したとは思えない。彼女がお金目当てでドン・ファンと結婚したことが白日の下にさらされ、肝心の事件については、彼女の根拠のない弁明を垂れ流すだけだった。

しかも、さっちゃんが依頼した週刊新潮・週刊文春に対しての訴訟も、10月上旬時点でまだ、提起されたとは聞こえてこない。

後述するが、この弁護士グループがさっちゃんの依頼を受けたのは、まったく別の目的があったとしか私には思えない。

「吉田とは会うな」

「ヨッシーの悪口ばかり言っていたわよ。『あいつはあなたを利用しているだけで何の得にもならないから会うな』ってね」

「私も言われた。警察が吉田さんを邪魔に思ってることがよく分かった」

警察の事情聴取を終えて自宅に戻ってきた家政婦の大下さんとさっちゃんがリビングにいた私に笑いかけた。

「あなたが事件の黒幕だと言っている警察関係者もいたよ。ヨッシーがさっちゃんと私をコントロールしているんだって」

「となると、オレも捕まるのか……」

「ヨッシーは警察から恨まれているからねえ」

「じゃあ皆で一緒に捕まろうか？」

そんな冗談を言って笑い合ったが、実はこの頃、「吉田が事件の黒幕ではないか」という情報を一部のマスコミが本気で信じていた。私からすれば、取材不足のトンチンカンな記者と言うしかないが、警察のリークだけに頼っていると、そういうとんでもない間違いを犯すことがある。取材する側からされる側に変わると、優秀な記者とそうでない記者の違いがよく分かる。

ちなみに事件から4ヵ月以上経った今も、私への事情聴取は一度も行われていない。

「ヨッシーが社長の私生活を一番知っているのに、なんでやろ。愛人なんて、みんな知り合いやないか」

マコやんが苦笑しながら言うのに答えた。

「僕を事情聴取したら、逆に捜査の進展や方向性がバレて、しかもそれを書かれることを恐れているんでしょう」

実は警察とは別に、もう一人、私を邪魔だと思っている人物がいる。

佐藤大和弁護士を筆頭とするレイ法律事務所の弁護士たちだ。

「吉田さんとは会わないように」

佐藤弁護士の下でさっちゃんを担当している女性弁護士が、彼女にそう釘を刺したという。そればかりか、マコやんにも「吉田にはもう会うな」と言ったというから呆れてしまう。

「吉田さんは会社のことも社長のことも一番知っているんですよ。もちろん弁護活動の邪魔をするつもりはありませんけど」

マコやんはそう言ってくれたらしい。

なぜ佐藤弁護士らのグループは、私を煙たがるのか。

それは、彼らがドン・ファンの遺産の整理に手をつけ始めたからだ。さっちゃんは彼らに遺産相続の手続きを任せる契約を結んだのだ。

考えてみればわかることだが、週刊誌を名誉毀損で訴えて勝ったところで、せいぜい100万〜200万円、場合によっては数十万円の賠償金しか取れない。そうすると、弁護士の成功報酬は微々たるものになる。

だが、遺産の整理は違う。さっちゃんから契約内容を聞いたわけではないが、相続額が10億円だとしても、10%の手数料で1億円だ。そして、ドン・ファンの資産は実際は数十億円だと言われている。

さっちゃんとの契約の下で弁護士が動くことを批判するつもりはない。問題は、彼らがアプリコと顧問契約を結びもせず、会社の中にも手を突っ込んでいることだ。

実際、アプリコの会社整理にも彼らは口を出し、従業員一人一人と個別面談もして、アプリコは7月31日をもって業務を終えることになった。弁護士には会社について口を出す権限がないにもかかわらずだ。若手従業員は解雇され、マコやんと佐山さんは不動産管理などの仕事を続けるために残ることになった。その一方で、社長名義と会社名義の不動産の洗い出しに、弁護士たちはやっきになっている。

弁護士たちはドン・ファンのきょうだいに遺産相続を説明する手紙も送っていて、遺産処分の委任を受けようと動いている。

私から見れば、一刻も早く遺産額を確定させて、さっちゃんに遺産を相続させようとしているとしか思えない。それによって、彼らはさっちゃんから莫大な報酬を得ることができるからだ。

万が一、さっちゃんが逮捕されて有罪となれば、彼女に遺産は入らない。そうすると当然、彼らもタダ働きになる。だから必死なのだ、とは思いたくないが、私のことを知りもせずに「会うな」と言うのは、私のように面倒なことを言う人間を排除して、遺産の整理を早く終わらせたいからだろうと邪推したくなる。

少なくとも、弁護士たちが週刊新潮などのマスコミと闘って、彼女の名誉を回復する努力を後回しにしていることは、間違いのない事実である。

第七章　「赤い遺書」と消えた２億円

空っぽだった金庫

6月20日の朝8時すぎ、和歌山県警の捜査車両が田辺市朝日ヶ丘にあるドン・ファンの会社アプリコの前に集結した。5月のときと同様、会社前の道路約100メートルが封鎖され、大がかりな家宅捜索が始まった。

しばらくするとバケツをひっくり返したようなゲリラ豪雨が襲ってきたが、白い雨合羽の警官たちは怯《ひる》むことなく家宅捜索を続けた。この日の家宅捜索は事前に警察が発表していたので、朝から大勢のマスコミがその様子を撮影している。

この家宅捜索の最大の目的は、会社2階にある巨大金庫の開錠だった。

アプリコが入っている4階建てのビルは、築年数約25年の鉄筋コンクリート造りである。1階には60平方メートルほどの事務室があり、そこに今は亡きドン・ファンと従業員たちの仕事机が並んでいる。

2階以上はワンルームマンションになっており、以前は従業員が住んでいたが、今は誰も住んでおらず、従業員の休憩場所になっている部屋もある。その2階のいちばん奥に、「金庫部屋」と従業員たちから呼ばれている開かずの間がある。その部屋には高さ170センチを超える両開きの大型金庫と、それよりは背が低い1メートルほどの金庫が置かれている。

前述したように、アプリコには5月26日に1度目の家宅捜索が入っている。そのとき、金庫部屋に捜査員が入ったものの、金庫の鍵が見つからなくて開錠できなかったのだ。金庫の鍵はドン・ファンが自分で管理しており、その場ではどうしようもないので捜査員たちもあきらめた。その後、あらためて田辺市内の鍵屋に依頼し、この日に開錠することになっていた。

「さすがはプロというか、そう時間もかからずに金庫は開けられたんです」

アプリコ関係者で捜索に立ち会ったのは番頭のマコやん1人だけだった。捜査員らとマコやんが固唾《かたず》を呑んで見守るなか、２つの金庫が開けられた。

ところが、である。大型金庫に入っていたのは古いスーツとネクタイなど。そして小型金庫のほうも、土地建物の権利書などの書類が入っているだけだった。

「そこにいる誰もが拍子抜けしました。私も現金が入っているとばっかり思ってたんですけど、こりゃあ別のところにあるんだな、と……」

ドン・ファンの「隠し資産」

マコやんがそう思うのには理由がある。聞けば、ドン・ファンはたえず多額の現金を移動させていたというのだ。

「社長は現金をどこに置いておくかを、いつも考えていました。大型トランクをガムテープでぐるぐる巻きにして、それを信頼できる従業員に運ばせて、近所の家などに預けていたんです。私も運んだことがありますが、重さからしてトランクの中には2億円くらいの現金が入っていたのではないかと思います」

トランクは会社の金庫部屋に置かれることもあったが、自宅や知人の家に「隠される」ことが多かったという。ドン・ファンは過去にマルサに摘発された経験がトラウマとなっており、苦労して作った隠し資産の存在がバレないように、定期的に置き場所を変えていたのだ。貸金業はもうやっていないが、どうしても貸して欲しいという知人には、そこから金を貸すこともあった。マコやんが続ける。

「社長の資産と言えば、銀行に数億円の貯金があるし、証券会社の口座にも数億円が残っています。ただ、それらとは別に、社長の隠し資産があることは従業員なら皆知っていることでした。金庫に現金がなかったということは、どこかに移動させて置いてあるということです。トランクは相当重かったので、社長一人では絶対に持ち運びできない。だから信頼できる従業員を使って移動させていたのです」

「運び屋」の証言

実際にドン・ファンから「荷物」を預かったという、近所の一軒家の主人から話を聞いた。

「うん。たしかに何回か預かりましたよ。朝5時頃、周囲に誰もいないのを確認しながら、ガムテープでぐるぐる巻きにした大型のトランクを若い従業員が運んできて、うちの家の階段の下に置くんです。大体1週間くらいで引き取りにくるんだけど、1回につき４万円ぐらいお礼を置いていきましたね」

ドン・ファンとこの主人の関係が崩れたのは、約1年半前のことだった。

「引き取りにきたときに社長が『ガムテープがはがれているやないか。お前見たな』と言いがかりをつけてきたんです。いくら『見ていない』と言っても水掛け論で、それ以来、私を盗人《ぬすっと》呼ばわりするような電報や抗議書を社長が送ってくるようになりました。それで私は警察にも相談したんですわ。それ以後は一度も預かっていません」

ドン・ファンの死後、警察はこの主人にも事情を聴いている。

「葬儀があったころ（5月30日）警察に呼ばれました。そしてトランクの写真を見せられて『これでしたか？』と確認させられたんです。大きさが少し違っているような気もしましたが、ガムテープでぐるぐる巻きにしてあったので、多分間違いないと答えました」

はたしてトランクと中身の2億円はどこに消えたのか？　社長の信頼が厚く、運び屋を任されていたアプリコの元従業員から話を聴くことができた。

「僕も何度も運んでいました。金庫部屋と自宅を往復したり、ある人の家に運んだりもしました。他の従業員にそのことを喋るのは社長から固く禁じられていましたが、僕が運んでいるのは薄々気づかれていたと思います。大きなトランクはすごく重くて40キロくらいありました。もう一つ、別の小さいバッグを一緒に運んだこともあります」

――なぜ中身が2億円の現金だとわかるんですか。

「社長は現金主義です。金の延べ棒なら、腐らないから庭にでも埋めておけばいいですからねえ。トランクの重さも入れて考えると2億くらいだと思ったんです。小さいバッグのほうはガチャガチャと金属音がしましたから、そちらが金の延べ棒だったのかもしれません」

1万円札1枚の重さは約1グラム。10キロで1億円、20キロで2億円になる。トランク自体の重さも含めると、計算は合う。

――最後に運んだのはいつ？

「3年ほど前に会社の金庫に入れたのが最後です。2億円の行方は、社長が死ぬ前か死んだ後に最後に荷物を運んだ者が知っているんじゃないですか」

――その件で、警察から事情聴取された？

「いえ、何も聴かれていません。僕が社長からの信頼が厚かったのは間違いなかったですけど、警察は辞めた従業員まで把握してないのとちゃいますか」

　はたして最後に現金を動かしたのは誰なのだろうか。マコやんが言う。

「従業員の一部が、ボク（マコやん）が最後に運んだとマスコミに吹聴《ふいちょう》しているようですが、それは事実ではありません。警察が捜査をしていることですから、そのうち真相が解明されるのではないでしょうか」

　さっちゃんが世間から疑惑の目を向けられるのは、莫大な遺産を相続するからだ。そのカゲに隠れてあまり話題にもなっていないが、この「消えた2億円」も、殺害の動機になりうると私は考えている。ドン・ファンが死ねば、このカネの詳細を知るものは世の中に一人もいない。犯人が、それを我が物にしようと考えたとしたら――殺す理由としては十分かもしれない。もっと少ない金額が原因で起きている殺人事件は、いくらでもある。

結局、遺産は何億円あるのか

7月11日、ドン・ファンの自宅で四十九日法要がしめやかに行われ、さっちゃんとマコやんらベテラン従業員でドン・ファンの成仏を祈った。マコやんが言う。

「どうやら8月の初盆が終わるまで、彼女は田辺にいるようです。まだ決まっていないお墓のこともあるし、やらなければならないことが沢山ありますから」

やらなければならないこと——その中でさっちゃんにとって最も重要なのは、遺産の額の確定と、その相続だろう。前章でも触れたように、さっちゃんが依頼した弁護士たちも、マスコミ対策より遺産問題に注力している。

だが、ドン・ファンはそこらの資産家とはワケが違う。本人しか知らないことが山ほどあったし、いろいろ常識外れの部分もあることは、ここまで読み進めた読者なら理解していただけるだろう。

だから、遺産額の確定は、それほど生やさしいことではない。私なりに、財産の全貌について取材してみた。

会社関係者が言う。

「数行の銀行に預けている預金がだいたい7億円くらい。それから、証券会社が管理している株も、同じく７億円分くらいあると思います」

ここまではわかりやすい。関係者が続ける。

「問題は、貸金業で貸し付けたカネで、まだ回収していないものが多々あります。おそらく数億円に上ると思いますが、正確な計算はまだできていません。というのも、６月20日に会社にガサ（家宅捜索）が入ったときに、貸金業の帳簿をすべて押収されてしまったので、計算できないんです」

押収された貸金の顧客ファイルは１０００冊以上あったという。警察はその中から怪しい人物、社長に恨みを抱いていそうな人物を探したいのかもしれないが、顧客は北海道から九州まで散らばっており、その捜査は簡単ではないだろう。

「ピロポ」マンション

もちろん、財産には不動産もある。これがまた、ややこしい。

「田辺市内にいろいろ持っているのはもちろん、和歌山市内にも不動産があるようだし、もっと言えば全国の債権者から『借金のカタ』に差し押さえた不動産もある。弁護士たちは書類を必死に探して、不動産資産の全貌を摑もうとしていますが、大変な作業だと思いますよ」（会社関係者）

私が地道に取材してわかった範囲で、田辺市内のドン・ファンの不動産をチェックしてみた。田辺市内の中心部、津波の被害も心配なさそうな小高い場所に建つ、鉄筋コンクリート造りの3階建てマンション。そのマンションの名称を見て、私はニヤリとしてしまった。

「マンション　ピロポ」

看板にはそう記されていた。

アプリコの従業員たちは誰も「ピロポ」の意味を知らなかったが、ピロポとは、六本木でも一流として知られる瀬里奈グループが持っている高級クラブの名前だ。現在は銀座に移動して「銀座クラブ　ピロポ」として営業している。社長の古くからの知人が言う。

「社長はピロポが大好きで、この店の若くて清純そうなホステスを何人も口説いていたんです」

確認できただけでも、田辺市内に賃貸用のピロポマンションは5棟ほどある。それらマンションだけでなく、田辺市内の重厚な日本家屋も売りに出されていた。これは貸金のカタに差し押さえたものだろう。他にも、田辺市の隣町の中古住宅には、かつて社長の会社のイメージガールだった西川（現・仁支川）峰子さんの写真入りの看板が置かれ、「売家」と書かれていた。

もう一つ、バカにできないのが社長の「コレクション」だ。社長は無数の絵画や貴金属を集めていたことでも知られている。

「シャガールやルノワールに、藤田嗣治の絵画もある。ニセモノか本物かわからない品もありますが、寝室に飾っていたルノワールと藤田は本物でしょう。絵画と貴金属をあわせれば、総額は軽く５億円を超えるはずです」（会社関係者）

真っ赤な遺言書

全国に散らばる不動産、銀行預金に株の証券、未回収の貸金に絵画と貴金属、さらに現金として手もとに置いていた２億円（現在行方不明だが）。それに加えて、会社の資産として現金と不動産がある。

ドン・ファンの資産を、会社関係者が総括する。

「一部報道では50億円と言われていましたが、50億はないとしても30億円は確実にいくと思います。さっちゃんの法定相続分は４分の３ですから、20億円以上の遺産を手にすることになりますね」

ところがここに来て、話がそう単純に進まない事態となっている。

ドン・ファンの「遺言書」なるものが8月に裁判所に提出されたのだ。内容は、「全財産を郷里の田辺市に寄付する」というものだ。

社長の遺言書が存在するということは、6月以降、いくつかの週刊誌が報じてきた。だがそれらの記事はいずれも遺言書の描写があいまいで、記者が遺言書の現物を見ていないことが明らかだった。おそらく、「遺言書がある」という情報だけを聞いて記事にしたのだろう。何者かが、意図を持ってリークしたとしか思えない。

私はその遺言書の現物のコピーを入手し、フライデー9月21日発売号で写真として掲載した。左ページがそれだが、遺言書にはこう書かれている。

〈いごん

個人の全財産を田辺市にキフする

アンカーアプリコの清算をたのム

平成25年2月8日

野崎幸助

〇〇〇殿〉

他の週刊誌の記者が現物を見ていないと私が確信するのは、この遺言が、全文真っ

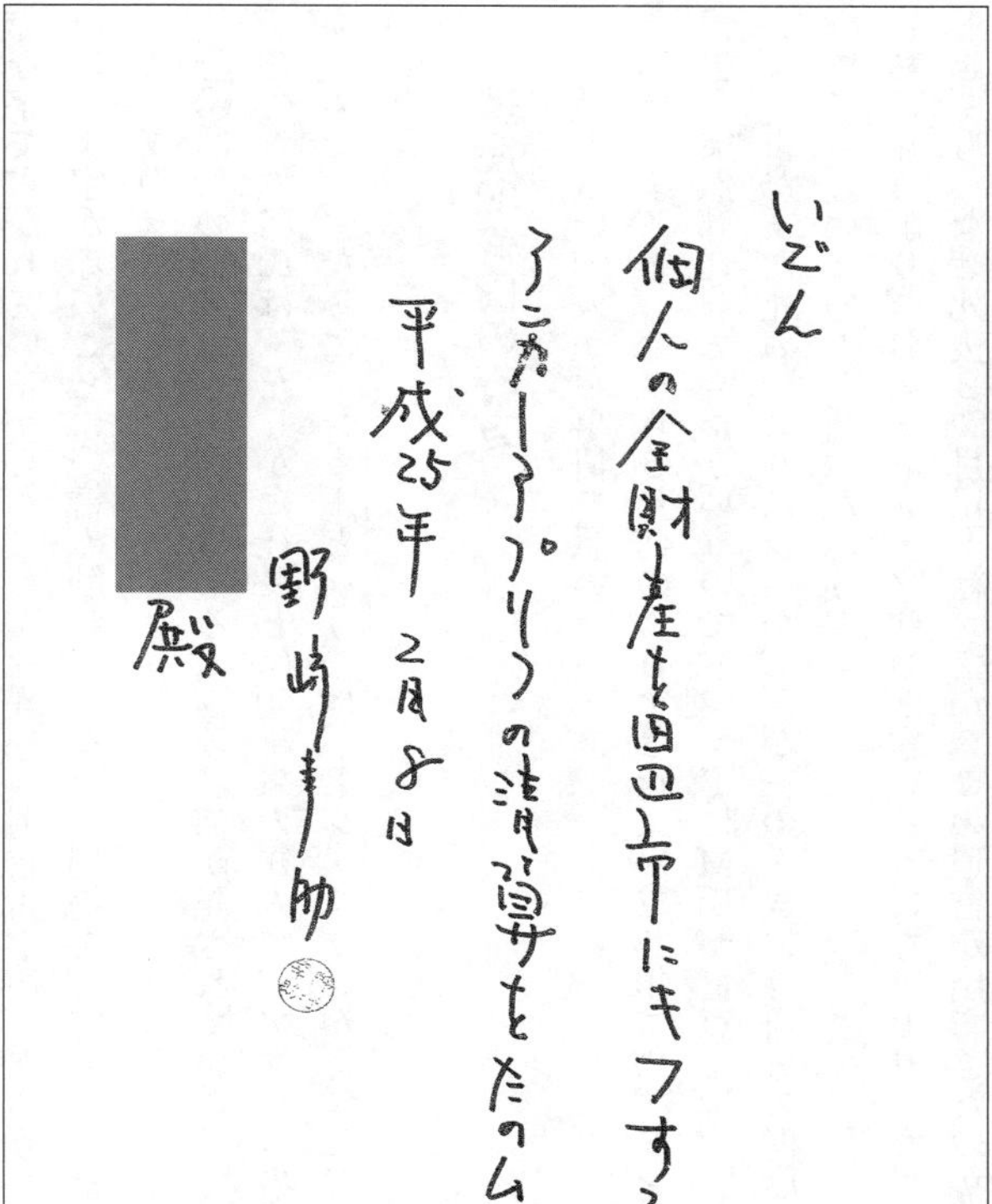
いごん
個人の全財産を田辺市にキフする
アニホ゜ーアプリフの清算をたのム
平成25年2月8日
野崎幸助
[redacted]殿

ドン・ファンが書いたとされる「遺言書」。
真っ赤な字で書かれていた

赤な字で書かれているからだ。そんな異様な遺言書があるだろうか。他の週刊誌の記事は、文字が赤いことに一言も触れていない。現物を見ていて、そのことに触れないことはありえないだろう。

○○○の部分は、実際にはある人物の名前が記されている。

その人物M氏は、たしかに社長とは30年来の知人で、アプリコの取締役にも名を連ねている。ちなみにアンカーというのは、ドン・ファンが経営していた貸金業の会社の名前だ。

遺産30億円の行方

社長の古い知人から事情を訊いた。

「M氏によると、今から5年前の2013年（平成25年）に、ドン・ファンがこの遺言書を突然郵送してきたというのです。すぐにM氏が真意を確認したら、ドン・ファンは『まだまだ死ぬつもりはないが、万が一のときには自分の財産を郷里の発展に役立ててもらいたい』と語ったそうです」

私の知る限り、およそドン・ファンが言いそうにないセリフだ。それは置いておくとしても、なぜ死後2ヵ月以上経ってからこの遺言が出てきたのか。知人が続ける。

「M氏はとりあえず遺言書を保管していたが、そのうちその存在をすっかり忘れていたそうです。ドン・ファンが急死して、葬儀も終わってしばらくたった6月10日頃、M氏は急に遺言のことを思い出し、弁護士に相談した。そして8月3日、その弁護士がM氏の代理人として、遺言書を田辺の家庭裁判所に提出したのです」

今後、遺言が本物なのかどうか、家庭裁判所で「検認」手続きが行われる。ただ、そこで本物だと認められても、全額が遺言どおり田辺市に寄付されることにはならない。妻のさっちゃんが「遺留分」を請求すれば、法定相続分の半分を相続することができるからだ。

ドン・ファンの遺産が30億円とすると、もしこの遺言が本物であるなら、さっちゃんの相続分は半分の15億円になる。兄弟姉妹には遺留分が認められていないため、4分の3の半分ではなく、全体の半分になるのだ。現状の相続分である22・5億円に比べると、7億円以上減額されることになる。そして前述したように、兄弟姉妹の取り分はゼロになる。

はたして、さっちゃんと兄弟姉妹は、それを素直に受け入れるのか。

そもそも、M氏の言っていることをすべて信じていいのか。

筆跡は確かにドン・ファンのものに似ているが、このまますんなりとはいかないと私は思っている。

まず、遺言書の出方があまりにも不自然だ。

M氏は通夜、葬儀の間も「親父（M氏は社長のことを、社長不在のときだけ親しさを誇示するようにそう呼んでいた）は遺言を残すようなタマじゃないよ」と何度も言っていたし、M氏以外の誰一人として社長が遺言を書いていたことを知る者はいない。

また、文字の筆跡は似ているが、文章全体から受ける印象が、ドン・ファンが書いたものとは異なる。

社長が書く文章は一つ一つの字がバラバラで、さらに下に行くにつれ字が左に流れていくのが特徴だ。だがこの「いごん」は整然とまっすぐ字が並んでいる。

そもそも社長を知る者で、社長が遺言を残すタイプだと言い切る者は皆無だろう。自分が死ぬことなど露ほども考えないのが、ドン・ファンの性格なのだ。しかもこの遺言書は、いちばん大事だったイブについてまったく言及していない。

さらに、「いごん」というのは法律用語であり、一般人には馴染みがない。このように、納得できない部分が多すぎるのだ。

第八章　残された女たち

警察がマークする重要愛人

「真美さんと菜々さんのことを知っているかって刑事さんからしつこく聴かれました。社長は愛人が沢山いましたが、やっぱりこの2人に興味を持っているんだなと思いました」

6月下旬に事情聴取された会社の従業員は、後日私にこう明かした。

今さら言うまでもないことだが、ドン・ファンの交友関係を語る上では、女性の存在が欠かせない。現在と過去、愛人が数多《あまた》いる中で、ドン・ファンと何らかのトラブルを抱えている女性ももちろんいる。

和歌山県警の捜査線上には、そうした女性たちの名前も上がっている。

2000万円とともに消えた真美さん

「私ね、真美ちゃんと結婚するんですよ。彼女はバーニング（大手芸能事務所）のタレントさんですからべっぴんさんですよ」

2015年半ばごろから、ドン・ファンが夢中になっていたのが真美さんだ。彼女は知人から紹介してもらった女性で、人を吸い込むような大きな目が特徴の長身でスレンダーな美人。スレンダーなのを除けばまさにドン・ファン好みだった。

「前の男と別れないと、社長とは結婚できません。男から手切れ金2000万円をよこせと言われています。だから社長、2000万円をください。そうしたら、社長と結婚します」

　真美さんは切羽詰まった様子で社長にそう告げたという。

　その言葉を真に受けたドン・ファンは、貸し付けという形で現金2000万円を大阪市中央区の区役所で手渡して離婚届を提出させ、さらにそのカネを男の口座に振り込むところまで見届けた。そして、もう結婚が決まったということで、16年の夏前に私に紹介してくれたのだ。

「へえ、バーニングのタレントさんですか。凄いですね。では、バーニングのKさんはご存知ですよね」

　東京・六本木のホテルで真美さんと会った際に、開口一番、私はそう訊いた。

「社長は周防《すほう》さんですよ。Kさんって知らないし……」

　余裕の微笑みを浮かべて真美さんが答える。

「そうですか……。おかしいなあ、Kさんってバーニングの番頭さんですよ」

　彼女の顔からサッと笑いが引いた。

「Kさんのことを知らないなら、あなたの言っていることはウソですね」

私の指摘に顔面蒼白になり、彼女はドン・ファンの前でウソを認めた。さらに、ウソはそればかりではなかった。20代後半と自称していた年齢も40代初めで、10歳以上もサバを読んでいたことが判明したのだ。

「あんなウソつき女はアカンなぁ〜」

私がウソを見破ったことで、一旦はドン・ファンと彼女の仲は冷えたが、17年5月にドン・ファンが彼女に「2000万円を返還させる訴訟を起こす」と伝えると彼女の態度が一変して、2人の仲が戻った。そして17年の夏前には、嫁入り道具として2トントラック一杯の段ボール箱や椅子やタンスなどが田辺のドン・ファン宅に送られてきたのである。ところが真美さん自身は田辺にやって来ず、そのまま音信不通に。結果的に2000万円を持ち逃げする形となった。

彼女が送りつけてきた段ボール箱や家具は、今でもドン・ファンの自宅脇のガレージに保管されており、今回の事件で警察がそこを捜索すると、とんでもないものが出てきた。

「茶色い封筒から、注射針が出てきたんです。その封筒には、社長の前の愛人（真美さん）の名前が書かれていました」

家宅捜索に立ち会ったさっちゃんは、警察から注射針を示されたという。

２０００万円の借用書もいまだ残っており、彼女にも殺害の動機はある。

そんな真美さんが、会社に2度目の家宅捜索が入った6月20日頃に、仲の良かった従業員に電話をかけてきてこう言ったという。

「私、疑われているの？」

従業員はこう答えた。

「そりゃあ、荷物から注射針が出てきたら疑われるのは当然ですよ。２０００万円もまだ返してないんだから」

「でもやっていないし……」

真美さんはそう言って電話を切ったという。

長い愛人関係だった菜々さん

第四章にも登場した、大阪在住で松嶋菜々子に似ている菜々さんも、ドン・ファンの長年の愛人として警察やマスコミにマークされている。自宅にも何人か記者がやってきたという。

「自宅マンションの前にワンボックスの車が張り込んでいたり、複数の記者さんたちが私を捜していたので、しばらく（自宅には）戻らなかったんです。事情も知らない記者さんに何か言っても誤解を生むでしょうし……」

菜々さんから話を聴くことができた。というより、私と菜々さんはホットラインが繋がっていて、事件直後から連絡を取り合っている。菜々さんとドン・ファンの付き合いは古く、彼女が都内の女子大に通っていた時代に、社長の貸金業のティッシュ配りのアルバイトをして親しくなった。

次から次へと交際相手を替えてきたドン・ファンが、唯一、10年にわたり付き合い続けてきたのが菜々さんなのだ。

警察が菜々さんをマークしているのには、理由がある。ドン・ファンを巡る三角関係で妻のさっちゃんと菜々さんが揉めたようなやりとりが、ドン・ファンの携帯メールに残っていたからだ。だが、菜々さんはこう言って完全否定する。

「私がさっちゃんに嫉妬するなんて、とんでもないです。私は最初から、『社長、結婚おめでとう、幸せになってね』って祝福していたんですから。彼女が月々100万円貰おうが、私にはいまさら関係ありませんから」

では、なぜ揉めたのか。菜々さんの説明を聞こう。

「社長がさっちゃんを嫉妬させようとして、私との過去のメールを見せつけて刺激しだしたんです。それで、さっちゃんが私に嫉妬しているようなことを、社長が勝手に書いて送ってきたんです。それればかりか私に罵詈雑言のメールも送ってきて、それを無視していると今度は私と仲の良かった家政婦の大下さんの携帯を使ってメールを送ってきたんです。私とすれば大下さんから悪口を言われる理由はないし、まさか社長がそれを打っているとは思わなかったので大下さんに悪口を書いたメールを送りました。結局社長が亡くなって、すべてが明らかになって大下さんとの誤解は解けましたが、私の精神状態も最悪でした」

ドン・ファンの幼稚な性格があらぬ誤解を呼び、警察を混乱させたのか。

「さっちゃんとは会ったことはないですけど、彼女が私のことを『ムカつく』と周囲に言っているのも知っています。でもそれは社長が画策したメールのせいで、お互いの誤解でもあるんです」

菜々さんとは事件後に何度か電話で話をしたが、5月31日の彼女からの電話には驚かされた。

「実はね、亡くなる2週間くらい前に社長から電話があって、『へへ、オレは今覚醒剤をやっとんやで〜』って言われたんですよ」

「はあ？」

「タチの悪い冗談かもしれないけれど、気になって……」

ドン・ファンと親しく付き合ってきた私からすると、冗談だろうとは思うが、なぜ菜々さんが突然覚醒剤の話をしたのか、死因との奇妙な符合が気になる。

7月末に和歌山県警の捜査員が大阪で菜々さんと会い、事情聴取している。だが、ドン・ファンが覚醒剤を常用していた形跡はなく、電話の謎は解けていない。

前妻のCさん現る

7月21日、田辺のドン・ファン宅でちょっとした騒動があった。

「実は、突如として前妻のCさんがやって来たんです」

社長には2回の離婚歴があるが、訪れたのは2人目の奥さんだったCさんだ。第二章で詳述したように、ドン・ファンが心底惚れ込み、約10年間の結婚生活を送った相手だ。

「Cと復縁できないかな」

社長は身近な者に、なんとかCさんと復縁できないかと相談していた。

「Cは料理も上手やったし、仕事もできて頭が良かった」

事あるごとに社長はCさんのことを懐かしんでいた。それでいて他の女も物色するのが社長の悪いクセだが。

葬儀にも来なかったCさんが、なぜ突然現れたのか。

「『預けっぱなしだった荷物を取りに来た』と言っていましたが、あんな社長でも一度は結婚した相手だったから、お線香くらい上げたかったのかもしれません。あと、イブちゃんのこともかわいがっていたから、死んでいたことを報道で知り、気になったのかもしれません。あともう一つ、同じ女として、世間から疑惑の目を向けられているさっちゃんの顔を、見ておきたかったのかもしれませんね」（会社関係者）

現在京都で暮らすCさんは車でやってきた。それは、ドン・ファンからもらった例の白いベンツだったのである。

麗子さんにも捜査の手が

第二章で触れた、ドン・ファンの唯一の女友達とも言える中国出身の麗子さんを覚えているだろうか。留学生として日本にやって来て、帰化してバリバリと働いている才媛だ。

8月22日、その彼女の姿が都内の高級ホテルのカフェラウンジにあった。両隣には屈強な男が座り、鋭い目つきで彼女に何か質問をしては、熱心にノートにメモを書き付けている。

この2人の男は、和歌山県警の捜査員だ。この日、麗子さんは彼らに3時間にわたる事情聴取を受けた。

捜査員は何を知りたがったのか。麗子さんに訊いた。

「事件の真相に関わるような話は、正直なかったと思います。『社長とはいつ知り合ったのか』『どんな人だったのか』と、当たり障りのない質問ばかりで、沈黙の時間も長かった。『社長とは、銀座の三愛《さんあい》で待ち合わせることが多かったですね』『三愛？』って、銀座のことも何も知らない刑事さんでした。

びっくりしたのは、『これは事件かもしれないし、事故かもしれない』と刑事さんが言っていたことです」

ここに来て「事故かもしれない」とは、捜査員の本心なのか。いずれにしても、和歌山県警の捜査がけっして順調に進んでいないことは、麗子さんへの曖昧な事情聴取から透けて見える。

ミス・ワールド

第五章で登場した「ミス・ワールド」について、新たな情報が入ってきた。

「社長は彼女のことを『ミス・ワールド』というあだ名で呼んでいました。顔は女優の本田翼に似ていて、身長170センチ以上のスレンダー美女。職業はスポーツジムのトレーナーだそうです」(会社関係者)

私が東京駅で彼女に会った前日の5月7日、東京・丸の内のパレスホテルで、ドン・ファンは彼女と一夜を共にしたという。死の2週間前のことだ。

気になるのは、ドン・ファンが私に、

「あいつ(さっちゃん)とはもう離婚して、『ミス・ワールド』と結婚するんや」

と言っていたことだ。会社関係者が続ける。

「社長は彼女に本当にぞっこんで、6月1日に東京で会う約束をしていただけでなく、6月11日に白浜で予定されていたイブちゃんのお別れ会にも呼んでいた。実際、白浜まで来る『交通費』という名目で、佐山さんに彼女の口座に20万円を振り込ませていた。ミス・ワールドに結婚の意思があったかどうかはわかりませんが、社長はさっちゃんに離婚届も渡しているんです」

だが、さっちゃんに訊くと、離婚届とミス・ワールドは関係ないと言う。

「渡されたのは3月の頭くらいだったかな。『この離婚届は胸にしまって、私のことを大事にしてください』と言われました。『破り捨ててもいいよ』と言うので、実際に目の前で破って捨てました。社長は冗談で『もう別れる』とかよく言うので、この離婚届も私に対するパフォーマンスだったんだと思います」

ドン・ファンの再婚熱が本気で、ミス・ワールドにもその気があったとしたら、さっちゃんは離婚することになり財産をもらう権利も失うことになる。ミス・ワールドの登場が死の直前だったからこそ、離婚話を「冗談」で片付けられないと、従業員たちは思っているようだ。

大下さんが帰ってきた

「いやあ、連絡取らなくてごめんなさいね。携帯の調子が悪かったのと、山に避難していたからどうしようもなかったのよ」

事件から2ヵ月が過ぎた7月下旬、家政婦の大下さんと久しぶりに連絡がついた。6月3日に六本木の自宅に家宅捜索が入り、それに立ち会ってから彼女の消息はぷっつりと途絶えてしまっていた。

「本当にパニクってさ。あの日に喋っちゃったことや、騙されて記者を家（社長宅）に入れたことは反省しているんです」

第六章で書いたように、通夜・葬儀が終わり、警察の取り調べを受けていた大下さんは6月2日土曜日のお昼前に突然、社長宅前に詰めかけていた大勢のマスコミの前で「私は無実です」とインタビューに応じた。

後で知ったが、この日の朝に大下さんは親族から「あんたが疑われているから子供の就職活動に影響がでる」と強く責められたようで、気に病んでいた。それで意を決して、マスコミに無実を訴え出たのだという。

しかもその日の夕方に、ある従業員から「社長の知り合いでお線香を上げたがっている人を連れていく」と言われ、大下さんは従業員の知人と称する男性を招き入れた。それが、フジテレビ系「Mr.サンデー」の記者だったのだ。

「隠し撮りをされたのよ。私は全然気づかなかった……」

その翌日、大下さんも白浜から東京に飛んで六本木の自宅マンションの家宅捜索に立ち会い、そこから姿を消したのだ。

やっと冷静さを取り戻したという大下さんに、和歌山県警からの取り調べの様子を訊いた。

「あの後も、和歌山県警の捜査員が何度か来て、事情を聴かれたの。押収されていたパスポートは返却され、『海外旅行に行ってもいいですよ』と言われました。それで娘や支援者の勧めもあって、気晴らしにアメリカに行ったんです。ＬＡでディズニーランドに行ったり、大リーグのエンゼルスの試合を見に行ったりしてました。大谷（翔平）クンを見たくてね。恰好良かったわよ」

ネアカの大下さんらしいエピソードがどんどん出てきた。

「ニューヨークにも行ったのよ。ああ、ここがあの5番街かって感動したわ。若いときには芸能界に憧れて歌手を目指していたこともあったから。ミュージカルのスターになるのが夢だったのよ」

たしかに彼女のカラオケを聴いたことがあるが、玄人《くろうと》はだしだった。その遺伝子を継いだのか、一人娘はシンガーとして活躍している。

「なかなか芽が出なくてねえ。CMソングも決まってなんとかブレイクしそうだというときにこの騒ぎが起きてしまって、娘に大変な迷惑をかけてしまって。『親子の縁を切る』とまで言われているのよ」

反省の言葉を述べたかと思うと、その舌の根も乾かぬうちに別の話題に移るのも彼女の特徴である。

「あのね、ニューヨークには恰好いい男性が多くてねえ。写真を一緒に撮ってもらおうと追っかけていったらコケてしまったの。まるで社長がいつもコケているように前のめりに転んで、肋骨が今も痛いんだから。困ったもんよ。ハハハ」

大下さんの話題はジェットコースターのように目まぐるしく変わる。

「警察からしつこく聴かれているのはさっちゃんとの関係なのよ。結婚当初は私とさっちゃんとの間に会話がない状態だったけど、それが4月に自動車教習所に彼女が通っている頃から親しくなったのはなぜなのかと聴かれているの。まっ、人見知りの彼女が打ち解けてきたってことなんだろうけど」

大下さんは呑気に言うが、警察が彼女たちの「共犯関係」を念頭に置いて質問していることは間違いない。

「あ、彼女がAVに出ていたことを、誰から知らされたのかも聴かれた。あれは、ある従業員から私は聞いたの。彼は知人がパソコンで発見したと言っていた。そのことを従業員はさっちゃんに伝えたのかねえ？　社長がこのことを知ったら大変なことになると思っていたから、私は社長には伝えていないわよ……」

さっちゃんのAV出演の事実を、警察も重要視しているようだ。

初盆

8月の初盆を前にして、さっちゃんは葬儀社の富山さんの教え通りに準備を進めていた。お盆は地方によって風習が大きく異なるが、田辺では8月12日に迎え火をして霊を迎える。スーパーには松の木が「たいまつ」と称して売っており、市民たちはそれを買い求めて夕方に玄関前で火を灯すのだ。

13日から15日までがお盆である。14日の昼過ぎ、ドン・ファン宅のリビングで雑談をしていた私とさっちゃんとマコやんは、偶然フジテレビ系列のワイドショーに大下さんが出演しているのを目にした。

大下さんは前週にも、TBS系のワイドショーでインタビューを受けていた。フジもTBSも、インタビュアーは小川泰平という元刑事だった。

「信じられない。大下さんがまた出てる」

驚きの声を出しながら、さっちゃんは大下さんに電話をかけた。スピーカーホンにしたので、大下さんの声がリビング中に響きわたる。

「もうテレビ出演をしないって言っていたのに、どうして？」

「ゴメンね。どうしてもって小川さんに頼まれてさあ。私の無実を証明してくれるって言うから、つい喋っちゃったのよ。坂上忍さんが番組で家政婦が怪しいとか言ってたから、それを訂正するって約束だったのに、守んないんだから嫌になっちゃう」

大下さんは言い訳ばかりに終始していた。さっちゃんと大下さんの会話は1時間近く続いた。本来ならお盆に田辺に戻る予定だった大下さんは、親戚たちから、

「絶対に帰ってくるな」

と釘を刺されていたらしい。

「明日、飛んで行くから」

さっちゃんとの会話の終わりに、突然大下さんが言い出した。

「預金通帳も警察から返してもらわなければいけないし」

8月15日の朝いちばんの便で、大下さんは南紀白浜空港に降り立った。それを車で迎えに行ったのはさっちゃん一人だ。

「本当にお久しぶり」

リビングで待っていた私とマコやんに笑顔を見せて、彼女はドン・ファンの遺影と遺骨に向き合い、手を合わせた。その姿を見て私が言った。

「こうやって4人がリビングで顔を合わせるのは3ヵ月ぶりですね」

社長が亡くなった後、遺体が警察から返ってきてから通夜までは、4人でリビングに集まり、事件のことを話し合っていたのだ。

「まだ捕まらないんだねえ」

大下さんがため息を漏らした。

「だから大下さん自首してよ」

「またまた、それだから」

私の言葉に大下さんが苦笑している。

「面会にも行くし差し入れもするから」

「ワイもやで〜」

マコやんが笑った。５月の会話が思い出された。こんな風に４人で喋っていたのだ。祭壇では社長の遺影がこちらを見ている。不謹慎とは思わない。私は誰よりも、犯人が捕まってほしいと願っているからだ。

このときは和やかに話していたが、翌日、さっちゃんは「自分がいないときに、この家に泊まらないでほしい」と大下さんに告げて、東京へと飛んだ。

警察がいまも「共犯」説を捨てていない２人の仲にも、変化が訪れている。

終章　殺したのは誰だ

ここまで私は、私だけが知る社長の交友関係、私だけが見てきた事件後のドン・ファン宅での出来事、そして世間から疑いの目を向けられているさっちゃんと大下さんとの長時間のやりとりを、すべて書いてきた。

警察はいまだに私に話を聞きに来ないが、本書は第一級の捜査資料であると自負している。とはいえ、犯人に辿《たど》り着いているわけではない。ここからは、これを読んだ読者の皆さん一人一人に、ぜひ推理をしてもらいたい。

最後に、重大な意味を持つと思われるいくつかの「謎」について触れておきたい。

最後の発信記録

ドン・ファンが亡くなったのは5月24日の夜であることは間違いない。私が入手した死体検案書には、午後9時頃と記載されている。

だが、これはあくまで推定にすぎない。さっちゃんと大下さんが午後10時すぎに遺体を発見したとき、すでにカチンコチンだったことを思い出してほしい。

本当は社長は、もっと早くに死んでいたのではないのか?

社長は24日の午後4時少し過ぎに私と電話をして、それから会社の佐山さんに電話した。

「ヨッシーが田辺に来てくれることになったから」

生前の社長の電話はそれが最後だと思っていたら、午後5時に社長と話をしたという人物がいた。東京の知人の青山さんである。

「社長から4時ごろに電話を貰ったんだけど出られなかったんです。それでちょうど5時ごろに折り返し電話をかけました。かなり長い呼び出しの音がした後で社長が出ました。用件はイブちゃんの告別式の件でしたが、普段と変わらない様子でした」

これが私の知っている限り、さっちゃん以外の人間で生きている社長と言葉を交わした最後である。

ところが、実に奇妙な事実がある。

社長の携帯電話の、最後の発信記録が分かったのだ。

それは、午後7時半ごろに2回発信され、宛先はアプリコだった。アプリコの業務時間は朝5時から午後6時まで。6時には必ず会社のシャッターが閉じられ、防犯スイッチが入れられる。誰もいないと誰よりも分かっている社長が、なぜ電話をかけたのか？　そんなことがありうるのか？　彼は何か困ったことがあれば、必ず番頭のマコやんの携帯に電話をする。昨年2月に自宅に強盗が入った際にも、

「強盗に襲われたんです。早く来て下さい」

とマコやんに電話している。

では、もしこの発信記録が犯人による偽装工作だとすれば、目的は何か。

この時間まで、社長が生きていたと思わせるためではないのか。

「6時過ぎに、リビングでビール瓶の半分ほどを飲んで2階に行きました」

さっちゃんが生きている社長を見たのはこれが最後だと言う。彼女はその後1階のお風呂に入って、7時過ぎにはリビングでテレビを見ていたと証言した。

当時、玄関には鍵はかかっておらず、塀の出入り口も施錠されていなかった。誰かが密かに侵入して、リビングにいるさっちゃんに気づかれずに2階の社長の寝室に上がることは可能だ（27ページの間取り図を参照）。ただし、家の構造をよく知っていなければ、そんなことは思いつかない。

寝室には争った形跡はなく、社長に目立った外傷もない。面識のない第三者が、無理やり覚醒剤を飲ませた可能性はほぼないだろう。

大下さんは午後4時ごろに妹宅へ外出し、7時半過ぎに帰宅した。このことは目撃者もいて証明されている。

社長の携帯に残っていた謎の発信記録と、大下さんが帰宅した時刻はピッタリ一致している。これも、奇妙な符合に思える。

なぜ犯人は覚醒剤で殺したのか？

ドン・ファンは77歳の高齢であり、身体がそこまで丈夫なわけではない。彼を殺すのに、覚醒剤を口から飲ませるという方法は、はたして自然だろうか？毒物に詳しい救急の専門医に見解を訊くと、こう答えた。

「少なくとも私が犯人だとしたら、覚醒剤で殺すという方法を取ることは百パーセントない。覚醒剤は警察の簡易検査で判別できてしまうので、自然死でないことがすぐバレてしまうからです。これはあくまで一般論ですが、たとえば高齢者がカフェインの錠剤を大量に摂取すれば、亡くなる可能性がありますが、それだと警察の簡易検査では判別できないので、自然死だと認定されるかもしれない。そうすると、そもそも事件と見なされないので、犯人は捕まる心配もないわけです。

推測の域を出ませんが、この事件の犯人は医療関係者ではないと思います。薬や毒物の知識があればあるほど、覚醒剤を口から飲ませて殺そう、という発想は出てこないはずですから」

では、どういうタイプの人間なら、覚醒剤で殺すという発想が持てるのか。

まず思い浮かぶのが、覚醒剤中毒の人間を身近に見ている暴力団関係者だろう。オーバードース（多量摂取）で死に至るケースは珍しくない。

暴力団関係者の関与は、入手経路という点でも、腑に落ちる。

ただ、今はネットの裏サイトでも売人に辿り着くことはできるし、繁華街で怪しげな外国人から買える場合もある。覚醒剤＝暴力団、という時代ではない。

ちなみに、アプリコの従業員の中に、反社会的な連中と付き合っていた者もいた。だが彼がクスリを普段からやっていたという話は、耳にしていない。

小包の秘密

「ドン・ファンの妻宛に、海外から手にすっぽり隠れるほどの小包が届いていた。もしかするとあの中に薬物が入っていたのでは？」

このことを週刊誌やワイドショーが報じたのは、事件から10日ほど経ってからだった。

実際、さっちゃん宛に海外から小包が届いたのは4月下旬のことだ。社長宛の郵便物は自宅ではなく会社に届くことになっているので、彼女宛の郵便物も同じく会社に届くのだ。

「インドネシアから不審な小包が届いていた」

そのようにワイドショーや週刊誌では報じられたし、私も事件直後から聞いていた。この小包を実際に手にした会社関係者に話を聴くことができた。

「大きさはこのぐらいです」

十数センチ×5センチほどの大きさを示した。

「報道ではインドネシアとなっていますが、それは間違いでシンガポールです。従業員が間違って伝えてしまったのだと思います。軽いのでクスリの類《たぐい》かな、と思いました。というのも、私もシンガポールからバイアグラを取り寄せたことがあるからです」

この小包の中身について、私はさっちゃんに直接尋ねた。

「荷物はシンガポールに発注したチューブです」

「何のチューブ？」

「シミ取り用のクリームです。覚醒剤と思っているんでしょ。そんなわけないじゃないですか」

彼女は笑ってそう答えた。

社長が死んで得をするのは？

殺人には動機があるのが一般的である。無論、無差別の動機無き殺人もあるが、状況的にそれは除外していいだろう。

一般的に疑われるのは、「被害者が死んでいちばん得をする人物」か、「被害者のことを殺したいほど恨んでいる人物」である。

ドン・ファンが死んでいちばん得をするのは、間違いなくさっちゃんだ。

第七章で詳述したように、遺産が30億だとすると、22億5０００万円がさっちゃんのものになる。

しかしそれを言うならば、7億5０００万円を分け合う兄弟姉妹にも、動機がないわけではない、ということになる。

田辺市に遺産を寄付するという遺言が有効なら、兄弟姉妹には一銭も入らない。遺書が見つかってからの兄弟姉妹の振る舞いを見ていると、別に遺産などいらないというのが本心のようだ。彼らは容疑者から外していいと私は思う。

さっちゃんの遺産に比べて、ほとんど重要視されず報道もされていないのが、「消えた2億円の現金」である。前にも書いたが、私は十分動機になると思っている。もしこれをネコババした人間が犯人だとすれば、2億円の行方を追えば、犯人に辿り着けることになる。

一方で、社長を殺したいほど憎んだり恨んだりしている人がいるかというと、ピンとこない。

社長は変人だが、周囲もそれをよくわかった上で付き合っていて、社長を憎むようなタイプの人は最初から社長と深くは付き合わない。女性たちにしても、きちんともらうべきものはもらっているので、恨むという感じではない。

やはり怨恨より、金銭目当ての犯行と見るほうが妥当だろう。

疑われるさっちゃん

今回の事件でいちばん疑われるのがさっちゃんであることは、彼女自身も認めている。新婚3ヵ月、実質1ヵ月半しか一緒に暮らしていない若妻は、社長が亡くなれば20億円以上の遺産を手にすることができるのだ。

その額は一般的なサラリーマンが一生働いて得る生涯賃金の10倍を超える。一生遊んで暮らしてなお、お釣りが十分に来る金額だ。

実際、彼女も「（結婚したら）美味しいかなと思った」と、テレビのインタビューで告白している。

だが、ここで疑問が湧く。

いちばん疑われる人間が、たった結婚3ヵ月で殺したりするだろうか？

彼女が警察の事情聴取で答えたことが事実なら、ドン・ファンは彼女にセックスも強要していなかった。むしろ、かなりの自由を与えていた。

彼女がドン・ファンを深く愛していたとは、私も思わない。だが、顔も見たくないほど憎んでいたとも思わない。

彼女が言っていた言葉で、印象に残ったものがある。

「私、一生楽をして生きていきたいんですよねー」

これは、きっと本心だろう。

殺人を犯して、警察の捜査に怯《おび》えながら生きるのは、けっして楽な生き方ではない。待っていれば亡くなるだろうドン・ファンを、結婚3ヵ月で殺すという選択は、彼女にいかにも似合わないのだ。少なくとも、自分の意思で殺害を計画し、実行に移したとは思えない。

もう一つ、事件直後から私が様々に探りを入れる質問をしてきたが、彼女の目が泳いだことは一度もない、という事実がある。22歳の女性が、殺人を犯しておきながらそんなに堂々としていられるだろうか。
これが、彼女と一緒にたくさんの時間を過ごした私の感想である。

あとがき

日本中を大騒動に巻き込んだ「ドン・ファン怪死」事件。いまだ未解決で犯人は逮捕されていないし、全貌も見えていない。事件直後から約1ヵ月にわたり、連日ワイドショーで面白おかしく取り上げられたのはご存知の通りだ。

美女とエッチするためだけに稼ぐ、というドン・ファンの人生哲学は常識を超越しているし、そんな男が55歳年下の妻と結婚したばかりで急死したのだから、注目されるのは当たり前だ。しかも、そこに何十億という遺産が絡んでいる。色・金・美女・愛犬、さらには密室殺人と、定番サスペンスの要素がすべて揃《そろ》っているのだから、茶の間の名探偵たちが色めき立つのも当然だろう。

60代後半で前妻に三下り半を突き付けられたドン・ファンは、なんとか新しい伴侶を見つけようと必死だった。

資産家ではあるが、カネで相手の頬を叩くようなことは決してしなかったし、暴力団とのつながりもなかった。脂《あぶら》ぎった悪徳高利貸しではなく、小心者で、べっぴんさんがそばにいれば満足する分かり易い男だった。中学生のような恥じらいを見せる彼の意外な面を何度も見たことがある。結婚直前に相手に逃げられて落ち込んだ様子も見ている。どこまでも人間くさい、愛すべき男だった。

「仇《かたき》は取ってくださいよ」

警察から戻ってきた遺体と対面したとき、いつものように丁寧なドン・ファンのそんな声が聞こえたような気がした。

犯人の殺害動機はまだ分からないが、金目当てであることは間違いないだろう。ドン・ファンはたしかに欲まみれだったが、正々堂々と生きていた。単なる金銭欲でドン・ファンの人生を終わらせた犯人のことを、私は許すことができない。

殺したのは誰なのか——私は事件後、朝から晩まで考え続けている。だが、決め手はまだ見つかっていない。

だから、私はすべての取材ノートを公開することにした。

ここには、警察の捜査資料に匹敵するほどの、重要な情報が詰まっていると自負している。事件解決のヒントも、きっと隠されているはずだ。

全国の名探偵諸氏が、知恵を絞って推理してくれることを願っている。

ドン・ファン時系列表

2016年

12月20日(火) 『紀州のドン・ファン』発売。

2017年

2月18日(土) 午後7時過ぎ自宅に強盗が入る。犯人は現行犯逮捕。

4月1日(土) 麗子さんに「100万円盗んだ」と激怒。

4月20日(木) 社長が吉田に盗みの疑惑をかけ、吉田が絶縁(9月ごろまで)。

11月16日(木) 「アメトーーク!」で東野幸治氏が『紀州のドン・ファン』を推薦。

12月10日(日) さっちゃんが初めて田辺を訪れる。

19日(火) 六本木で社長・さっちゃん・社長の妹さん・吉田の4人で会う。

2018年

2月8日(木) 社長とさっちゃんが田辺市役所に行き入籍を届ける(さっちゃんは4月までほとんど田辺に来ず)。

3月24日(土) 田辺市内の闘雞神社で結婚式を予定していたが、さっちゃんが拒否したため中止に。

4月2日(月) さっちゃんが田辺市内の自動車教習所へ入校。

13日(金) 社長77歳の喜寿を六本木のホテルでお祝いする。

19日(木) 『紀州のドン・ファン 野望篇』発売。

22日(日) さっちゃんが自動車免許取得。

25日(水)　吉田が田辺でドン・ファンの新婚生活を取材する。

〜27日(金)　さっちゃんGWで東京・北海道へ出発。

27日(金)　現代ビジネスに「紀州のドン・ファンが明かした、55歳下妻との新婚生活」が掲載される。

5月3日(木)　北海道に帰省していたさっちゃんが田辺へ戻る。

4日(金)　夜、愛犬イブの容態が悪くなり、大阪の病院に運ぶも死亡。

6日(日)　早朝、社長は関空から聖路加国際病院へ。都内泊。

7日(月)　早朝、社長はミス・ワールドに見送られ東京駅へ。吉田と合流して新大阪駅から田辺に向かう。

8日(火)　午後2時半からイブの通夜。大下さんが「お前がイブを殺した」という社長の言葉に怒って帰京する。

10日(木)　昼、社長のファンだと称する初老のカップルが自宅を訪れる。

　午後6時からイブを偲ぶ会をかんぽの宿で開催。社長ご機嫌。

11日(金)　社長が朝の喫茶店でチャーハンを食べている姿を従業員が動画撮影。

12日(土)　イブを庭に埋葬。このシーンも従業員が動画撮影。

20日(日)　イブの告別式を川久ホテルでやると社長から言われ、取材をするマスコミを呼んでくれと頼まれる。

21日(月)ごろ　アプリコ社内でさっちゃんのAV出演が話題になる。

23日(水)　「田辺で会いたい」と社長から吉田に電話。「6月1日に社長が東京に来る予定があるので、そのときに会いましょう」と田辺行きを断る。

24日(木)　朝6時ごろ、「やはり田辺で会いたい」と社長から電話。回答を保留する。

　午後4時、「どうですか？ 来ていただけませんか」と再び頼まれ、「行きます」と返答。

　午後10時すぎ、自宅2階でドン・ファンが遺体となって発見される。

25日(金)　午前2時半に「社長が亡くなった」の一報を吉田が受ける。昼に田辺へ。午後葬儀社の担当と打ち合わせ。

夜、さっちゃんと大下さんはスーパー銭湯へ出かけて吉田が留守番をする。

午後8時半に田辺署の男女2人ずつの刑事が自宅へ来る。

午後9時前に銭湯から帰ってきたさっちゃんが任意同行で署に連れて行かれる。

26日(土)　午前0時半、和歌山県警による家宅捜索(朝5時近くまで)。

捜索の令状に「覚醒剤の疑いで捜索」と記されていたことを知る。

午前11時～、アプリコの従業員6人全員が田辺署に呼ばれて事情聴取を受け、採尿、口の中の粘膜を取られる。

午後2時～夕方、アプリコへの家宅捜索。ビール瓶や3階のビデオルームのチェックが行われる。

2階の金庫室は鍵が発見できなかったので後回しにされる。

27日(日)　午前10時、社長の遺体の引き取りに吉田とさっちゃんが田辺署に行く。

お昼前にリビングに社長の棺が置かれる。

28日(月)　遺体の脇で吉田が留守番。さっちゃんと大下さんは聴取のため警察へ。

29日(火)　8時から自宅の家宅捜索開始(午後4時すぎまで)。自宅脇の車庫と防犯カメラをチェックする。

小雨模様の午後6時から市内の斎場で通夜。さっちゃんが喪主挨拶。さっちゃん・大下さんは斎場に宿泊。

30日(水)　朝から大雨。11時から葬儀。12時に出棺、火葬場へ。午後3時に荼毘に付されてお寺へ。

初七日法要を済ませて自宅に戻る。

31日(木)　朝からさっちゃんと大下さんが田辺署に呼ばれ13時間もの事情聴取をうける。

「ウソ発見器」にかけられ、毛髪100本を採取される。

6月1日(金)　大勢のマスコミが社長宅前で張り込み、徹夜の社も。

2日(土)　新宿の自宅マンションの家宅捜索に立ち会うため、さっちゃんが南紀白浜空港から東京へ飛ぶ。

昼前に大下さんがパニクって社長宅前の取材陣に対して無実を主張。
夜にはテレビ局の記者を社長の自宅に入れる。

3日(日) 六本木の自宅の家宅捜索のために大下さんも東京へ。
夜放送の「Mr.サンデー」で社長宅内部の映像が放送される。

4日(月) 朝から各局ワイドショーで大下さんの実名顔出しインタビューが流れる。
以降約2ヵ月間、大下さんの姿が消える。この日から約1ヵ月間、ワイドショーはドン・ファン一色になる。

6日(水) さっちゃん東京から田辺に戻る。

7日(木) 和歌山県警が社長宅裏庭のイブの墓を掘り返す。上空をヘリコプター3機が舞い騒然となる。

8日(金) さっちゃんが弁護士を決めるため、午前4時に車で東京へ向かう。

14日(木) さっちゃんが依頼した弁護士が初めて田辺の自宅へ姿を現す。その後夕方に彼女を連れて東京へ。
深夜、フジ系列の昼のワイドショー「バイキング」のインタビューを収録。

15日(金) 「バイキング」でさっちゃんインタビューがオンエアされる。フジ系列の報道番組でもその映像を使用。

17日(日) 午後11時からアベマTVで社長の通夜・葬儀の模様が放送され、大反響。
以後各局のワイドショーがこの映像を使用。

20日(水) 朝から大雨の中、アプリコに家宅捜索。午後8時まで約12時間。
マスコミ多数。2階の金庫部屋を中心に捜索。金庫が空っぽだと分かる。

28日(木) マスコミに金庫部屋とモニタールームを公開する。

7月3日(火) さっちゃん東京から田辺に戻ってくる(1週間ごとの法要のため)。

8日(日) さっちゃんの弁護士、アプリコで遺産の計算。

9日(月) 和歌山県警がアプリコの従業員を任意で事情聴取。

11日(水)　朝8時から社長宅で四十九日法要。さっちゃん市内の墓地を視察。イブの死骸が警察から引き渡され、火葬場へ。

12日(木)　さっちゃん東京へ。

15日(日)　さっちゃん田辺に帰ってくる。墓地の購入を決定。

26日(木)　姿を消していた大下さんと連絡がつく。

31日(火)　アプリコ業務終了。従業員は解雇(マコやんと佐山さんは残留)。

8月3日(金)　フライデーが大下さんの単独インタビューを掲載。

8日(水)　週刊文春が社長の遺言書があると報道。

10日(金)　大下さんがTBS系のワイドショーでインタビューを受けて放送される。

12日(日)　初盆で迎え火、さっちゃん田辺へ。

14日(火)　大下さんがフジ系のワイドショーでインタビューを受ける。

　さっちゃんが大下さんに「ウソは言わないで」と電話で抗議。

15日(水)　朝、大下さんが田辺に飛んでくる。さっちゃんが迎えに行く。

　社長宅でさっちゃん、マコやん、大下さん、吉田で社長を偲ぶ。

16日(木)　さっちゃんが東京へ飛ぶ。彼女は大下さんが社長宅に宿泊することを拒否する。

21日(火)　大下さん田辺署から自分の銀行通帳を受け取り帰京。

22日(水)　和歌山県警が麗子さんに任意で事情聴取。

9月3日(月)　大下さんが銀座8丁目のスナックで働き始める。

12日(水)　ドン・ファンが書いたとされる遺言の検認が家庭裁判所で始まる。

13日(木)　さっちゃんが葬儀社とお墓の打ち合わせなどのために約1ヵ月振りに田辺へ(17日まで滞在)。

21日(金)　フライデーが裁判所に提出された社長の遺言書の写真を掲載。

吉田隆―1984年に講談社FRIDAYの創刊準備メンバーとして専属記者契約を結ぶ。87年の大韓航空機爆破事件では、犯人の金賢姫たちが隠れていたブダペストのアジトを特定、世界的に話題となる。FRIDAY初代張り込み班のチーフとして、みのもんた、福島敦子、落合博満などの不倫現場をスクープ。「市川染五郎（現・松本幸四郎）の隠し子」や「中村鴈治郎（現・坂田藤十郎）が51歳年下舞妓に開チン」などをすっぱ抜いた。その他にも「小渕恵三首相のドコモ株疑惑」「石原慎太郎都知事の隠し子」などジャンルを問わずスクープ記者として活躍。最近では2018年７月、日本ボクシング連盟の山根明会長と元暴力団組長の親密交際を報じて山根会長を辞任に追い込んだ。

講談社+α文庫　紀州《きしゅう》のドン・ファン殺害《さつがい》「真犯人《しんはんにん》」の正体《しょうたい》
――ゴーストライターが見た全真相
吉田《よしだ》 隆《たかし》

2018年10月18日第１刷発行

発行者――――渡瀬昌彦
発行所――――株式会社　講談社
東京都文京区音羽2-12-21　〒112-8001
電話　編集(03)5395-3522
販売(03)5395-4415
業務(03)5395-3615
デザイン――――鈴木成一デザイン室
カバー印刷――――凸版印刷株式会社
印刷――――慶昌堂印刷株式会社
製本――――株式会社国宝社
落丁本・乱丁本は購入書店名を明記のうえ、小社業務あてにお送りください。
送料は小社負担にてお取り替えします。
なお、この本の内容についてのお問い合わせは
第一事業局企画部「＋α文庫」あてにお願いいたします。
Printed in Japan ISBN978-4-06-512917-3
定価はカバーに表示してあります。